RESEÑAS DESTACADAS

Trey Taylor ha escrito una obra inteligente y ambiciosa, cuyo enfoque interdisciplinario es útil para resolver enigmas que han angustiado durante años a los líderes empresariales. Donde la neurociencia, la antropología, la psicología y los negocios cruzan sus caminos, ahí se encuentra Un CEO solo hace tres cosas. Taylor nos revela que los líderes empresariales tenemos más cosas en común de las que hubiéramos imaginado. La falta de concentración, que se intensifica conforme más ascendemos en la jerarquía, es un pequeño y molesto secreto que todos conocemos, pero que nadie admite.

—JERRY DANIELS, CEO DE AUTOMOTIVE BROADCASTING, RED JACKSONVILLE, FLORIDA

Ya seas un CEO novato o lleves años en el cargo, Un CEO solo hace tres cosas, de Trey Taylor, te proporcionará las herramientas y la mentalidad necesarias para comprender y desbloquear el valor de la organización desde sus cimientos.

—CLINTON BEELAND, CONSEJERO DELEGADO DE CJB INDUSTRIES, VALDOSTA, GEORGIA

Uno de los libros más extraordinarios que he leído en los últimos tiempos. Aborda de manera valiente, compasiva y sorprendentemente humana los retos a los que nos enfrentamos quienes dirigimos empresas. Taylor aborda y responde, en última instancia, a una de las preguntas más antiguas en el ámbito empresarial: ¿dónde empieza y termina el trabajo del líder? A partir de esta pregunta, elabora una visión optimista del futuro, una en que los CEOs se liberan y hacen lo que solo ellos pueden hacer. A través historias narradas con humor y lúcida precisión, aprendemos que no somos los únicos que enfrentamos retos en la alta dirección. Todos estamos haciendo cosas que no nos corresponden, y Un CEO solo hace tres cosas nos muestra cómo solucionar, junto a nuestro equipo, ese problema.

—PETER BALASARIA, CONSEJERO DELEGADO, POWERLINE HARDWARE, JACKSONVILLE, FLORIDA

En Un CEO solo hace tres cosas, Trey Taylor nos recuerda que no hay nada más poderoso en los negocios que un CEO concentrado. Este extraordinario libro nos presenta la filosofía de liberación de Taylor, dirigida a CEOs de todo el mundo que están atrapados en tareas que deberían delegar a sus equipos. Su rotunda sugerencia de que un CEO debe hacer solo las tareas que solo él o ella puede hacer, delegando el resto, puede parecer demasiado buena para ser verdad. Sin embargo, aquellos que hemos aplicado su metodología sabemos cuánta razón tiene. Un libro que debería estar en el escritorio y mesita de noche de todo CEO.

—GEORGE ROBBINS, VISTAGE INTERNATIONAL, Y EX CEO DE MILLENNIUM SPECIALTY CHEMICALS, JACKSONVILLE, FLORIDA.

El primer libro que explica densos conceptos del liderazgo ejecutivo de una manera fácil de aprender y recordar, incluso cuando la atención flaquea. Un CEO solo hace tres cosas brinda ideas prácticas que los CEOs pueden poner en marcha desde el primer día. Una lectura obligatoria para los líderes en estrategia empresarial, desarrollo y alianzas corporativas.

—JIM BLACHEK, CEO DE DYNAMIC BENEFIT SOLUTIONS, WILKES-BARRE, PENSILVANIA

Las ideas expuestas por Trey Taylor en Un CEO solo hace tres cosas son creativas, originales y transformadoras. El libro está absuelto de clichés o estereotipos. Tiene conceptos empresariales dinámicos que, aunque sencillos, son profundos. A ningún ejecutivo le vendría mal que le recuerden lo esencial de su labor. Este libro lo hace, y también nos recuerda las leyes de gestión y liderazgo que conducen al éxito.

—TOM PURCELL, CONSEJERO DELEGADO DE ASHFORD ADVISORS, ATLANTA, GEORGIA

Si mis cálculos no se equivocan, tendrías que devorar cientos de libros, asistir a innumerables conferencias y participar en un sinfín de conversatorios para obtener la información que Trey Taylor, amigo mío y auténtica estrella de rock, destila sin esfuerzo en Un CEO solo hace tres cosas. Es como un manual de vida para CEOs. En él encontrarán consejos para optimizar su tiempo, llevar a sus equipos a alcanzar grandes resultados y dejar una marca en el mundo de los negocios.

—ERIC SILVERMAN, FUNDADOR DE VOLUNTARY DISRUPTION, TOWSON, MARYLAND

UN CEO SOLO HACE TRES COSAS

UN CEO SOLO HACE TRES COSAS

Encuentre su enfoque en la C-Suite

_____

TREY TAYLOR

THREADNEEDLE

UN CEO SOLO HACE TRES COSAS

Enfócate en lo que Realmente Importa

ISBN 979-8-9920184-0-0 *(Libro electrónico)*
979-8-9920184-1-7 *(Pasta blanda)*
979-8-9920184-2-4 *(Pasta dura)*
979-8-9920184-3-1 *(Audiolibro)*

CONTENIDO

SECCIÓN IV: NÚMEROS

AGRADECIMIENTOS

"Las únicas personas con las que deberías intentar saldar cuentas es con aquellas que te han ayudado".

—JOHN E. SOUTHARD

Este libro es una síntesis de toda una vida de ideas recopiladas al estudiar el arte y la ciencia de la dirección ejecutiva. No pretendo que las ideas presentadas aquí sean originales; en general, no lo son. Han sido extraídas, probadas y aplicadas en mi propia carrera y en la de mis clientes de consultorías. Mi peculiar don intelectual siempre ha sido descubrir, digerir y sintetizar grandes ideas en marcos útiles y de sencilla aplicación. Este libro no es más que eso. Nunca habría visto la luz sin el apoyo y el aliento de muchas otras personas, y hacérselos saber es un gran honor para mí.

- A Eddie y Mary Taylor, mis padres, por un hogar lleno de amor, un entorno de apoyo y el hacerme saber que estarían a mi lado en cada lucha.

- A Roy Taylor, mi abuelo, quien me mostró por primera vez el verdadero valor de la riqueza y el trabajo duro, y me impartió valiosas lecciones con mano firme.
- A Trent Taylor, mi hermano y compañero durante muchos años, quien me brindó su amor y apoyo frente a quienes dudaban de mis intenciones.
- A Sheya, Ret y Emmaline, quienes me comparten desinteresadamente con los demás, confiando en que tengo los mejores intereses de la familia en mente durante todas las largas noches que paso fuera, trabajando en el libro o con clientes.
- A Ron Willingham, un mentor excepcional que afinó mi visión intelectual, permitiéndome ver a las personas como realmente son.
- A mi familia de trabajo: William Hall, Tom Dorywalski, Pete Caucci, Robert Rodriguez, Chris Carpenter y todas esas personas tan especiales que vienen a trabajar cada día, ejecutando nuestra misión y permitiéndome experimentar e innovar.
- Al grupo Vistage de George Robbins, Tom Carroll, Brad Whitchurch, Paul Kassab, Clinton Beeland, Todd Froats y Jerry Daniels, que me acompañaron mientras sintetizaba las ideas en una forma compacta para que otros pudieran comprenderlas.
- A los graduados de mi primera CEO Academy, en particular a Deb Ault y Jim Blachek, quienes se tomaron todas las lecciones impartidas muy en serio y están construyendo grandes organizaciones.

SECCIÓN I

———

LO ESENCIAL

PRÓLOGO

ENCONTRAR TU ENFOQUE
EN LA ALTA DIRECCIÓN
O C-SUITE
Por Kevin Harrington,
el «Tiburón» original de Shark Tank

El camino hacia el puesto de CEO no siempre es directo. Es cierto que para algunos es una progresión natural en la escala corporativa, resultado de movimientos estratégicos bien calculados, negociaciones hábiles y algún que otro acierto que conduce al ascenso definitivo. Otros se encuentran en el puesto por pura casualidad: por estar en el lugar adecuado en el momento adecuado y con las habilidades necesarias para satisfacer las necesidades de la organización como CEO. Hay otros que asumen el cargo porque son los únicos con el talento necesario, o porque son los fundadores de la compañía y, por defecto, ejercen el rol de CEO.

Yo mismo, como un niño que creció en una familia trabajadora en Ohio, empecé vendiendo periódicos en la calle a los nueve años y lancé mi primer negocio a los quince: sellar entradas de garaje bajo el sol ardiente del verano. Era un trabajo duro, pero si me quejaba, mi padre me decía: «Kevin, más vale que esto funcione. No puedes trabajar para otros, así que será mejor que encuentres la manera de trabajar para ti mismo». Me tomé su consejo muy en serio y comencé a vender sillas de bebé de puerta en puerta. Leí todo lo que pude sobre como ser un mejor empresario, sin saber que en realidad me estaba formando para ser un mejor CEO. Leí a Napoleon Hill, Zig Ziglar y todo lo que la gente exitosa me decía que leyera. A medida que absorbía esta sabiduría, mi crecimiento personal y empresarial empezó a dispararse. En mi primer año de universidad, ya había creado mi primera empresa de un millón de dólares. Invertí en otra empresa, que se convirtió en un negocio de 500 millones de dólares anuales en la Bolsa de Nueva York y llevó el precio de las acciones de un dólar a veinte dólares por acción. Después de vender mi participación en esa empresa, formé una empresa conjunta con Home Shopping Network, llamada HSN Direct, que creció hasta alcanzar cientos de millones de dólares en ventas. Todos estos logros me llevaron a los más alto del mundo empresarial. Algunos me han llamado el «padre de los infomerciales», ya que trabajé para convertir el tiempo muerto de la televisión en oportunidades publicitarias y creé marcas como Ginsu Knives, Tony Little, As Seen on TV y muchas otras. En el camino, me di cuenta de que en el mundo empresarial había una necesidad de aprendizaje compartido, oportunidades de colaboración y apoyo mutuo entre las empresas.

Con esa idea en mente, me convertí en cofundador de EO, The Entrepreneurs' Organization, en español «La organización de emprendedores». EO es una red empresarial global de más de catorce mil empresarios líderes en 198 secciones y sesenta y un países. Con el tiempo, me propusieron aparecer en el exitoso programa de televisión de ABC *Shark Tank*, como uno de los tiburones originales.

Durante mi trayectoria, he tenido altibajos. Siempre he sido una persona emprendedora, con el deseo constante de trabajar arduamente en el siguiente negocio o la próxima oportunidad. La lucha ha merecido la pena, pero ha sido justamente eso, una lucha constante. Cuando leí *Un CEO solo hace tres cosas*, me di cuenta de que, como muchos de ustedes, estaba dedicando gran parte de mi tiempo como CEO a tareas que sería mejor dejar a otros, y eso no hacía más que dificultar la lucha.

No importa el camino que te lleve al cargo, cada CEO se enfrenta a la misma pregunta una vez que se cierra la puerta de su despacho: ¿qué hago ahora? Como dice Trey en este libro, la respuesta es «Concentrarse». Esa es la habilidad más importante que puede tener un CEO. ¿Dónde deben centrar su atención los CEOs? En aquellas áreas donde nuestras habilidades únicas, experiencia, reputación y autoridad pueden tener mayor impacto en el éxito a lo largo de nuestros proyectos. Para todas las empresas, sin importar el sector, hay tres áreas críticas: Su gente. Su cultura. Los números. Estas tres están relacionadas entre sí. En conjunto, constituyen la base sobre la que tu empresa construirá y mantendrá su éxito.

El documental de 2017 *Cómo ser Warren Buffett* narra la historia de la primera vez que Bill Gates, fundador de Microsoft, y Warren Buffett, CEO de Berkshire Hathaway, se conocieron. Fue en casa de los padres de Gates, donde habían reunido a un grupo de personas exitosas, intelectuales e influyentes en todos los ámbitos de la vida. Mary, la madre de Gates, pidió a los invitados que escribieran la única cosa que, en su opinión, les había hecho triunfar. Gates y Buffett respondieron lo mismo: «Concentración».

La concentración se define mejor como la capacidad de seleccionar una tarea entre una multitud de tareas que compiten por tu tiempo y atención. Para Trey Taylor, los mejores CEOs son los que tienen la capacidad de centrarse en las tres áreas más importantes de su negocio, silenciando todas las demás distracciones. Es una cuestión de perspicacia y, en la práctica, de priorización.

Hoy en día el mundo está lleno de opciones. Un artículo reciente anunciaba que Starbucks ofrece ahora ochenta mil opciones de bebidas. Ahora hay más de 150 sabores de galletas Oreo, incluyendo sabores tan exóticos como té verde, terciopelo rojo, banana split e incluso pescado sueco. El hogar estadounidense promedio tiene a su disposición 189 canales de televisión, además de acceso a Hulu, Netflix, Amazon y YouTube. Cada año se publican unos cuatrocientos mil libros nuevos en inglés. Durante mi tiempo en Shark Tank, vi más de quinientos lanzamientos de productos y negocios, más ofertas de las que algunos ven en toda su vida.

Los CEOs se enfrentan a aún más opciones. ¿Contrato a esta persona o a aquella? ¿Me expando a un nuevo segmento de productos o me concentro en dominar las categorías en las que ya tengo éxito? ¿Crezco a través de adquisiciones, asociaciones o estrategias de ventas agresivas? Y estas decisiones influyen inevitablemente en la vida de otras personas. Es una carga pesada.

Los psicólogos han acuñado recientemente un nuevo término para el desafío que representa contar con tantas opciones —«Sobrecarga de opciones»—, la mayoría de las cuales no tienen una importancia material relativa. Al estudiar los efectos de la sobre carga de opciones, los investigadores notaron que la exposición prolongada a una gran cantidad de variables deterioraba significativamente la calidad de las decisiones finales. En otras palabras, mientras más decisiones debemos tomar a lo largo del día, peores serán las decisiones que tomemos al final de la jornada. Nuestra capacidad para tomar buenas decisiones disminuye con el tiempo cuando tomamos demasiadas decisiones que no son necesarias. Para demostrarlo, piensa en lo que viste anoche en la televisión antes de acostarte. ¿Realmente querías ver eso, o fue la fatiga de tomar decisiones lo que te convenció de conformarte con algo que fuera apenas lo suficientemente bueno para no cambiar de canal?

En numerosos estudios académicos, se hace una recomendación para resolver el problema de la fatiga por la toma de decisiones: hacer menos elecciones. Al leer *Un CEO solo hace tres cosas*, descubrirá que los grandes CEOs son aquellos que se dan cuenta de que su capacidad para tomar decisiones de alta calidad que afectan la trayectoria de sus empresas es un recurso limitado y valioso.

Se niegan a desperdiciar su capacidad intelectual en tareas de bajo impacto. Por esta razón, Steve Jobs se hizo famoso por vestir todos los días el mismo suéter negro de cuello alto, jeans azules y zapatillas New Balance. Rápidamente se convirtió en parte de su marca. Mark Zuckerberg, Elizabeth Holmes y otros también han adoptado este hábito. Pero, ¿decidir qué ponerse cada día es realmente tan agotador?

En lugar de tomar menos decisiones, los CEOs tienen que tomar las decisiones correctas de manera sistemática. Esto significa ser disciplinados a la hora de decidir en qué trabajamos, antes de permitir que nuestra atención se desvíe hacia asuntos que seguro también son importantes, pero menos urgentes. Aquí es donde entra en juego este libro. Trey Taylor ha resumido todas las cosas que los CEOs tienen que hacer en tres simples categorías: Cultura, Personas y Números. Entre los extremos del exceso de opciones y la falta de opciones, mi amigo Trey ha trazado un camino intermedio que, como CEOs, todos podemos seguir para alcanzar el éxito.

Como CEO, se te solicita que prestes atención a muchas cosas que son importantes para algunos miembros de tu organización, pero no tan relevantes para la organización en su conjunto. Tal vez tu contador ha pasado meses comparando las ventajas de cambiar a un nuevo sistema de contabilidad para la empresa y desee tu opinión. Tal vez tu personal de Recursos Humanos quiere que decidas si la inscripción anual de beneficios será en octubre o noviembre. O puede ser que el departamento de ventas tenga un nuevo plan de compensación que necesite tu aprobación. Es posible que cada una de estas decisiones afecte a todos los miembros de la empresa de alguna u otra forma, pero ¿tiene el CEO algún conocimiento especial que haga que su elección u opinión sea mejor que la del resto?

Ser CEO de una empresa no es como ser el receptor en un equipo de béisbol. No todo lo que ocurre en la empresa debe pasar por su bandeja de entrada. Además de crear retrasos innecesarios, se reduce la calidad de las decisiones que realmente se deberían tomar. Para evitar caer en esta trampa, necesitamos un criterio para evaluar qué decisiones corresponden al nivel del CEO y cuáles deberían delegarse a otros.

Las decisiones que debe tomar el CEO son aquellas en las que solo él tiene la capacidad, la información y la visión para tomar. En otras palabras, si una decisión puede ser tomada por otros, entonces que así sea. Al trabajar con docenas de empresas a lo largo de los años, Trey observó que hay tres áreas en las que el CEO tiene un papel crucial como jefe de la empresa: las decisiones relacionadas con la cultura de la empresa, quién trabaja para la empresa y qué objetivos persigue la empresa. Todas las demás decisiones deben delegarse a las personas más cercanas al problema en cuestión. El CEO solo debe dedicarles tiempo cuando se haya llegado a un punto muerto.

Parece sencillo, pero cómo ponerlo en práctica es de lo que trata el resto de este libro. Ya sea que estés en tus primeros días como CEO, intentado entender el caos que te rodea, o seas un veterano de la C-Suite que busca reavivar su pasión por el cargo, este libro es para ti, pero solo si estás preparado para tomar la importante decisión que te planteará. Espero que disfrutes de este libro tanto como yo. Es el tipo de libro que me hubiera gustado tener entre mis manos cuando era apenas un joven y prometedor CEO, y cuya sabiduría utilizo diariamente en mis negocios.

INTRODUCCIÓN

MI HISTORIA

En 2005, acababa de conseguir el trabajo de mis sueños. Cinco años antes, la *startup* de Internet AOL había comprado al gigante de los medios Time Warner en la mayor fusión de la historia hasta ese momento, con promesas de beneficios financieros que nunca se materializaron. A los pocos años de la fusión, habían llegado a un punto de crisis. Para sobrevivir y cumplir sus promesas financieras, tendrían que deshacerse de algunas de las más de 250 empresas que habían adquirido en su histórico pasado. Activos con marcas poderosas como la revista *Time*, la revista *Life*, las películas de Warner Brothers, Netscape, CNN, MapQuest y MovieFone estaban en la mira de la gigantesca corporación, que trataba de liberarse de sus gastos operativos. Como el miembro más reciente del equipo de Asuntos Empresariales, se me encargó desarrollar una estrategia que permitiría obtener mil millones de dólares en efectivo con la venta de activos que ya no se consideraban fundamentales para las operaciones de la mayor empresa de medios de comunicación del mundo. Estaba preparado para el reto.

Estudié en la Facultad de Derecho de Tulane, en Nueva Orleans, y me especialicé en transacciones empresariales complejas, negociaciones y derecho fiscal. Tenía un don especial para desentrañar los entresijos de operaciones complejas y, cuando otros se quedaban paralizados ante las minucias, yo me emocionaba y quería saber aún más. Antes de incorporarme a AOL, había trabajado en una empresa competidora mal gestionada en la que el CEO no confiaba en sus capacidades, carecía de enfoque, contrataba consultores para hacer cualquier tarea que el considerara importante y daba poder a sus subordinados para que fueran abusivos con los demás colaboradores. Ya había tenido suficiente de todo eso y estaba listo para hacer algo significativo y de impacto en el terreno que me había marcado.

AOL quería que comenzara a trabajar de inmediato, así que ellos mismos compraron mi casa y contrataron un servicio de mudanza. Una mañana de enero de 2005, recibí una llamada de los encargados de la mudanza diciendo: «Vamos en camino». Justo después de colgar, recibí una llamada de mi madre:

«Trey, tu padre está en el hospital, no se ve bien, tienes que venir ya».

Mis padres habían ido a Las Vegas en Año Nuevo para visitar a la familia y disfrutar de la vida nocturna. Justo antes de partir, mi padre había acudido al hospital local por dolores en el pecho, pero por error le habían dado el visto bueno para el viaje. El médico de urgencias no vio los signos reveladores de un inminente ataque al corazón, y mi familia pagó el precio de su negligencia cuando mi padre falleció una semana después. El servicio de mudanza jamás se completó, tampoco mi contratación en AOL.

En lugar de eso, me hice cargo del negocio familiar, una empresa de consultoría financiera y seguros ubicada en una zona rural de Georgia. Mi única formación para dirigir una empresa consistía en observar cómo otros lo hacían. Ahora tenía que dejar de estar al margen, debía ponerme el traje y unirme al juego.

Durante los siguientes quince años estudié mucho, aprendiendo todo lo que podía sobre cómo dirigir una empresa, liderar a las personas y alcanzar objetivos concretos. Me uní a grupos de estudio, *masterminds* y consejos asesores empresariales, una práctica que recomiendo encarecidamente. Busqué activamente mentores que pudieran enseñarme lo que sabían, empujarme en la dirección correcta y dar forma a mi autoestima. Estos hombres y mujeres pusieron lo mejor sí mismos para clarificar mi visión del mundo de los negocios.

Como dirán algunos de los que trabajaron a mis órdenes, cometí muchos errores. Ante cada fracaso, intentaba levantarme con más fuerza. En el fondo de mi mente siempre estaba el deseo de crear una guía clara, con todo lo que aprendí, para entregársela a quienes vinieran después de mí. Este libro surgió de mi propia necesidad. Brad Montague, el cineasta detrás del canal de YouTube *Kid President*, dijo una vez: «Sé quién necesitabas cuando eras más joven». Con esa frase en mente, quería escribir algo que me hubiera ayudado a encontrar y mantener mi enfoque en los momentos más difíciles de mis inicios como CEO. Mi esperanza es que las ideas, modelos y mensajes presentados en este libro logren exactamente eso para alguien que lo necesite hoy en día.

TREY TAYLOR

VALDOSTA, GEORGIA

OCTUBRE 2020

UN CEO SOLO HACE TRES COSAS

«Comienza haciendo lo que es necesario, después lo que es posible; y de repente estarás haciendo lo imposible».

—SAN FRANCISCO DE ASÍS

Harry Truman pronunció una famosa frase: «La responsabilidad recae en el jefe», y su afirmación sobre la rendición de cuentas ha sido muy malinterpretada en las empresas estadounidenses desde entonces. Lo que Truman quería decir con esa frase era que el CEO de cualquier organización es el máximo responsable del trabajo que ahi se realice. Lo que no quería decir, y aquí es donde mucha gente se equivoca, es que si nadie más hace el trabajo, le corresponde al CEO hacer el trabajo de los subordinados. En una entidad como el gobierno federal de EE.UU., esto sería similar a pedirle al Presidente que limpie las cubiertas de un acorazado porque un marinero está de permiso. La idea parece descabellada, pero en las empresas de todo el mundo, los CEOs realizan constantemente trabajos en los que no aportan ningún valor especial. No entendemos bien cuál es el papel y la función del CEO en las empresas.

UN CEO SOLO HACE TRES COSAS

Uno de los grandes capitalistas de riesgo, o *venture capital* en inglés, de los últimos treinta años es Fred Wilson. Fundó Flatiron Partners, una de las primeras empresas de capital de riesgo centradas en Internet. Gracias a su talento para detectar conceptos que atraen a millones de usuarios activos, Wilson ha dirigido inversiones en empresas digitales como Geocities, Twitter, Tumblr, Etsy, Uber y muchas otras.

En una ocasión, antes de iniciar la búsqueda del CEO de una empresa de su portafolio que se encontraba en problemas tras la abrupta salida de su fundador, Wilson pidió consejo a un veterano de la sala de juntas. «¿Qué hace exactamente un CEO?», preguntó Wilson al hombre más experimentado casi retóricamente, buscando algo que le pudiera ayudar en su búsqueda.

Para su sorpresa el hombre respondió sin titubear: «Un CEO se enfoca en tres cosas. Establece la visión y la estrategia generales de la empresa y las comunica a todas las partes interesadas. Recluta, contrata y retiene a los mejores talentos para la empresa. Se asegura de que siempre haya suficiente dinero en el banco».

En este libro, esos tres enfoques están representados por una palabra cada uno: Cultura. Personas. Números. Correctamente enfocado, un CEO hace estas tres cosas y nada más. Cada tarea de cada día debe estar directamente relacionada con la mejora de alguno de los pilares de esta Trinidad. Todo lo que no esté en correlación con esta Trinidad debe delegarse a otra persona.

En caso de duda, deja de lado todo lo que no sea Cultura, Personas o Números. Estos tres pilares sirven para centrar tu atención en el trabajo que debe hacerse. Centrarte exclusivamente en ellos llevará tu trabajo a un nivel que nunca antes habías alcanzado.

Cuando los CEOs de pequeñas organizaciones oyen esta prescripción, a menudo la rechazan de plano, diciendo algo como: «Eso sería genial, pero en este momento estoy demasiado ocupado con lo que necesito hacer para sobrevivir». Por supuesto, esta afirmación es válida para los CEOs de nuevas empresas que se pasan todo el tiempo mirándose el ombligo mientras divagan en la cultura ideal, encontrar la mejor contratación o eligiendo las organizaciones benéficas que apoyarán cuando lleguen los beneficios. Sin duda estos CEOs no tendrán mucho éxito.

Pero digamos lo obvio. Ser CEO es difícil; es tres veces más difícil que el siguiente trabajo más difícil de la organización. Un buen CEO no se lleva el mérito de nada, pero sí la culpa de todo. Todos los demás en la organización tienen derecho a que respeten sus horarios, un buen trato y una buena noche de sueño, mientras que el CEO renuncia a todo ello en beneficio de la misión a largo plazo. El CEO siempre está solo; esa es la parte gratificante y dolorosa de su trabajo. Como proclama Gordon Gekko en una memorable escena de la película Wall Street: «Ganas unas veces, pierdes otras, pero sigues luchando... y si necesitas un amigo, búscate un perro».

ENFOQUE E INTENCIÓN

Bueno, quizás no todo sea tan dramático como nos muestran las películas, pero lo cierto es que ser CEO implica ser capaz de combinar dos herramientas a las que muy pocas personas tienen acceso: enfoque e intención. Brad Whitchurch, CEO de la empresa de control de infecciones Seal Shield, define su papel así: «Mi trabajo es no perder de vista el bosque mientras me ocupo de los árboles». En otras palabras, enfocarse en las tareas inmediatas, pero ser consciente de cómo estas tareas afectan la salud general de la empresa.

Si el CEO no se enfoca en las tres cosas que más importan —cultura, personas y números— ¿significa que estas quedarán desatendidas? Por desgracia, no. Aristóteles dijo: «La naturaleza aborrece el vacío». Si se deja en el abandono una pista de asfalto esta se romperá, crecerán malas hierbas, árboles, y con el tiempo regresará a su estado natural. Lo mismo pasa en nuestras organizaciones. Si permitimos que se forme un vacío —un espacio donde no hay acción ejecutiva—, será llenado por otros, y rara vez con las creencias, acciones y comportamientos que llevan a una compañía al siguiente nivel.

El mayor desafío de un CEO es filtrar el ruido, dejando asuntos secundarios para otros. Mantener la perspectiva adecuada y centrarse en la Trinidad de Cultura, Personas y Números produce resultados que no pueden lograrse de otra manera. Sin embargo, para lograr esto, el CEO debe tener la intención correcta.

EL PODER DE LA INTENCIÓN CORRECTA

Todos los CEOs toman decisiones. Es su tarea principal. Lo más importante es tomar decisiones significativas, decisiones cuyos resultados tengan un impacto positivo en la cultura, las personas y los números, decisiones que impulsen el negocio.

En su libro de 2007 *El experimento de la intención*, Lynne McTaggart exploró el poder de la intención. El libro seguía de cerca el trabajo del Dr. William Tiller, catedrático de Ciencia e Ingeniería de Materiales de la Universidad de Stanford. Basándose en los descubrimientos interdisciplinarios de científicos de todo el mundo, McTaggart concluye que una intención formada en la mente puede afectar profundamente el mundo real. En un experimento, un científico intentó cambiar el pH del agua en un vaso. Durante varios días de pensamiento concentrado, midió el agua y descubrió que su lectura coincidía con el nivel que había planeado. En otras palabras, el mundo físico se vio afectado por el mundo mental. Tiller afirma: «Durante los últimos 400 años, un supuesto no declarado de la ciencia ha sido que la intención humana no puede afectar a lo que llamamos realidad física. Nuestra investigación experimental de la última década demuestra que, para el mundo actual y en las condiciones adecuadas, este supuesto ya no es correcto».

Si Tiller tiene razón y nuestra intención puede afectar nuestra realidad, las implicaciones para los CEOs son asombrosas. Formar y mantener la intención adecuada respecto a la cultura, las personas y los números puede literalmente cambiar el mundo que nos rodea. Este conocimiento conlleva una responsabilidad. No basta con saberlo, hay que ponerlo en práctica e incorporarlo en nuestro día a día.

LA BÚSQUEDA DEL AUTOCONOCIMIENTO

Durante más de tres mil años, la máxima de Sócrates «Conócete a ti mismo» ha sido una piedra angular de la filosofía occidental y la psicología moderna. Estaba grabada en la entrada del Templo de Delfos, donde el Oráculo ofrecía sus profecías. Para un CEO que no cuenta con un oráculo omnisciente, el concepto de autoconocimiento es especialmente relevante. No se puede pretender comprender y guiar a los demás sin primero entenderse a uno mismo.

Si no comprendemos bien nuestras creencias, quiénes somos, nuestros miedos, aspiraciones y motivaciones, ¿cómo podemos actuar con claridad? Si no entendemos nuestro propio propósito, ¿cómo podemos entender el propósito de nuestra empresa y nuestro rol como CEO? El autoconocimiento es un proceso. Al nacer, no recibimos un manual con capítulos sobre resolución de problemas. Ningún *coach* de vida ni gurú empresarial puede darnos claridad instantánea sobre el propósito de nuestra vida y el camino hacia la iluminación. El autoconocimiento que buscamos, debemos alcanzarlo por nuestra cuenta.

La introspección es uno de los métodos más efectivos para que un CEO desarrolle autoconciencia. La introspección nos obliga a examinar nuestros pensamientos, sentimientos y nuestra *autoimagen*, con el objetivo de identificar nuestras verdaderas intenciones. Nos permite comprender mejor nuestras motivaciones y determinar qué merece más nuestra atención.

Para los líderes, la *autoconciencia* es la base de la *autogestión* y la toma de decisiones. El emperador romano Marco Aurelio fue quizás el líder más introspectivo de la historia. En su obra clásica *Meditaciones*, nos recuerda que: «Estas son las características del alma racional: *autoconciencia, autoexamen y autodeterminación*».

CENTRARSE EN LAS CAUSAS

La vida que tienes hoy, ya sea fácil o difícil, enérgica o agotadora, rentable o en bancarrota, es la manifestación externa de causas internas. Estas causas están arraigadas en lo más profundo de tu ser y debes descubrir las creencias que las sostienen. Este proceso te lleva a profundizar en tu propia psicología más de lo que la mayoría de la gente lo hace, y los resultados te impactarán profundamente. Debes actuar con cautela, consciente de las poderosas fuerzas que están en juego. Respétalas, pero también mantente dispuesto a enfrentarte a ellas.

Considera esto: a través de tus experiencias únicas has desarrollado creencias que hoy están profundamente arraigadas en ti. Sin pensarlo conscientemente, tomas decisiones instantáneas que influyen en tu vida sobre quién eres, qué capacidades tienes, qué es posible y qué no es posible para ti, y hasta qué punto mereces el éxito que estás alcanzando.

Ron Willingham, fundador y CEO de Integrity Systems, ha formado a más de un millón y medio de personas en ochenta países en sus cursos de desarrollo personal. Willingham, uno de mis mentores, reconoció que cada uno de nosotros tiene una narrativa interna —la llamaba «el guión de nuestra vida»— y que vivimos de acuerdo con esa narrativa, ya sea correcta o no.

Según Ron, la vida nos presenta a cada uno una serie interminable de elecciones. La forma en que tomamos nuestras decisiones depende mucho más de cómo vemos nuestra propia historia que de un proceso de toma de decisiones abstracto, cuantificado o incluso racional. Pero, ¿cuántos de nosotros nos detenemos alguna vez a examinar, deconstruir y reescribir nuestras historias personales? Solo así podemos llegar a ser auténticos y confiar en nuestras elecciones, elecciones enfocadas en un objetivo final, dirigidas con la intención adecuada y expresadas con autenticidad.

Ron sabía que nuestras elecciones forman nuestros comportamientos, y cada comportamiento tiene consecuencias. Por lo tanto, nuestra vida es la suma de nuestras elecciones, los comportamientos que estas generan y las consecuencias que resultan. Comprender este modelo nos da una gran ventaja. El modelo sugiere una cadena de reacciones de causa y efecto que determina la calidad de vida que tienes hoy. Por lo tanto, tiene sentido enfocarse en las causas que producen estos efectos, no en los efectos mismos. A esto me refiero con «centrarse en las causas».

Para mejorar primero debemos ser conscientes de que se requiere una mejora, reconocer que algo no va bien. Puede que todo esto empiece como un sentimiento vago que madura poco a poco hasta que somos realmente conscientes de que las cosas deberían ir mejor. Podemos vivir con esa conciencia durante años antes de tomar medidas para arreglar lo que está mal. Actuar significa tomar una decisión: ¿dejamos que las cosas sigan como están o nos comprometemos en cuerpo, mente y alma a arreglarlas?

LA PSICOLOGÍA
DE UN CEO

"Y ahora aquí está mi secreto, es uno muy simple: Solo con el corazón se puede ver bien; lo esencial es invisible a los ojos".

—*El principito*, ANTOINE DE SAINT-EXUPÉRY

Para liderar a otros, es necesario comprender a las personas: cómo funcionan, cómo procesan la información y toman decisiones sobre ciertas tareas, qué las motiva y por qué. Los mejores CEOs conectan con las personas de forma real y profunda. Para entender a los demás, primero debemos entendernos a nosotros mismos y basarnos en las leyes universales de la psicología del desarrollo humano.

Cada persona está compuesta por tres dimensiones psicológicas distintas pero interdependientes. Cada dimensión juega un papel en tu vida y trabajan juntas para alcanzar niveles de éxito acordes con tus valores internos y tu autoestima.

En la cima de la pirámide se encuentra la dimensión «Yo pienso», la parte intelectual que aprende, toma decisiones y elige. Esta dimensión contiene todos los datos y cifras que conoces, como en qué año llegó Colón a América, el nombre de soltera de tu madre y cómo hacer unas buenas tostadas. Ahí se almacena la mayor parte de la educación formal que recibes a lo largo de tu vida. Esta dimensión opera completamente en la esfera consciente, procesando información y dando voz a tus pensamientos internos. Sin embargo, no tiene la capacidad de impulsarte a la acción.

En el centro de la pirámide está la dimensión emocional, que llamamos «Yo siento». Aquí es donde residen tus sentimientos y emociones en un estado semiconsciente. Toda la gama de posibles emociones está almacenada aquí, lista para ser invocada e impulsarte a una de estas cuatro acciones: luchar, huir, congelarse o acobardarse.

Un reciente estudio de Harvard ha confirmado que las emociones influyen en más del 85% de nuestras acciones y comportamientos.[1] En una competencia entre el «yo pienso» y el «yo siento», las emociones siempre tienen la ventaja.

La base de la pirámide, «Yo soy», representa la dimensión creativa que da origen a tu sentido de identidad. Aquí residen tus valores, creencias, autoimagen (identidad y sentido de propósito) y otros poderosos mecanismos psicológicos en un estado completamente inconsciente. Todo en tu vida, incluyendo la calidad de tus relaciones personales, tus logros y tu éxito financiero, encuentran su origen en la dimensión «Yo soy».

Este libro está diseñado para desarrollar en ti el deseo y la capacidad de moldear tu vida centrándote en las causas, no en los efectos. El modelo de las Tres Dimensiones del Comportamiento Humano es un medio eficaz para lograrlo. Si aprendes a reconocer y fortalecer tus cualidades positivas, mientras reduces las negativas, ¿imaginas cuánto podría mejorar tu vida? ¿Y cuánto más efectivo serías como líder?

---

1   Jennifer S. Lerner, "Emotion and Decision Making", presentado para su publicación en el *American Journal of Psychology*, 16 de junio de 2014, https://scholar.harvard.edu/files/jenniferlerner/files/annual_review_manuscript_june_16_final.final_.pdf.

Tu dimensión «Yo pienso» está en constante interacción con tu dimensión «Yo soy». Actúa como un radar, escaneando el mundo, percibiendo personas, lugares y objetos, reconociendo riesgos y oportunidades, y procesando todos estos estímulos. Esta dimensión no puede comprender estos estímulos, solo captarlos. Mientras mantiene una conversación continua con tu dimensión «Yo soy», constantemente se pregunta: «¿Qué significa esto? ¿Qué significa esto? ¿Qué significa esto?»

Estas dos partes de tu ser interior interactúan e intercambian información a la velocidad de la luz, trabajando juntas para determinar el significado del mundo que te rodea y tu lugar en él. Cuando tu «yo pienso» percibe algo que tu «yo soy» contextualiza como positivo, tu dimensión «yo siento» libera emociones positivas para producir la acción adecuada. Por el contrario, si la dimensión «Yo soy» percibe una situación como peligrosa o negativa, experimentarás emociones negativas.

Las interacciones entre estas Tres Dimensiones podrían constituir el plan de estudios de una maestría en psicología. No pretendemos llegar a ese nivel, pero sí queremos enfatizar lo siguiente: lo que consideres verdad en tu dimensión «Yo soy» regirá tu vida. Si gobierna tu vida, influirá en tu eficacia como líder. Si deseas cambiar algo, primero debes cambiarlo dentro de ti. Solo entonces podrás hacer cambios en el exterior y, finalmente, transformar tu empresa.

EL SECRETO DE LA AUTENTICIDAD

Vivimos en una época caracterizada por lo artificial y la falta de honestidad. Las comunicaciones corporativas se elaboran en comités y pasan por múltiples revisiones de abogados antes de su aprobación. Encontrar autenticidad es un desafío. Tanto en las redes sociales como en la publicidad, cada vez es más difícil diferenciar lo verdadero de lo falso. Esto se nota especialmente en los líderes empresariales, quienes a menudo recurren a respuestas predefinidas y clichés en lugar de expresar opiniones genuinas cuando se les pregunta sobre políticas empresariales.

No es de extrañar. Tradicionalmente, se ha enseñado en lo referente a gestión empresarial que las creencias personales no influyen en las crudas realidades del mundo empresarial. Se espera que los directivos actúen de manera desapasionada, profesional y sin emociones, sin importar la situación. Pero, ¿es realmente posible o incluso deseable actuar así?

El mundo está hambriento de autenticidad. Todos queremos algo real en nuestras vidas, un lugar seguro en el que depositar nuestra confianza, alguien en quien podamos creer. Las empresas gastarán millones en intentarlo, pero la autenticidad no se puede comprar. Es un oxímoron.

Ser auténtico es sencillo: se trata de alinear las Tres Dimensiones. En otras palabras, cuando tus creencias sobre quién eres se reflejan en tus pensamientos y emociones, te estás comportando con autenticidad. La congruencia es clave; siempre que digas, pienses, sientas o hagas algo que no esté moldeado por tus creencias sobre quién eres y cuál es tu propósito, tu autenticidad está en peligro.

CONECTAR CON LA GENTE A NIVEL DE CREENCIAS

Los grandes líderes trascienden lo intelectual y conectan con las personas a nivel de las creencias (su dimensión «yo soy»). Al reconocer y expresar valores compartidos, muestran su humanidad y crean un vínculo común que inspira la acción y la contribución. Una vez inspiradas de esta manera, las personas pueden ofrecer lo extraordinario.

Todos los grandes líderes tienen una visión clara para su organización, la cuál los motiva. Sin embargo, tener solo una visión personal no basta. Así como los artistas establecen una conexión profunda con su audiencia a través de sus obras, los líderes también deben conectar profundamente con su equipo. Esta conexión es esencial para motivar a todos hacia un objetivo común. Para ser un líder excepcional, es crucial poseer la capacidad de motivar a otros.

Para los CEOs, la inteligencia motivacional puede definirse

como la capacidad de comprender sus propias creencias y las de su equipo, y de utilizar esta comprensión para influir en sus pensamientos y comportamiento.

Como ya hemos dicho, el primer paso es desarrollar la autoconciencia. Al ser consciente de uno mismo, no solo se es capaz de calibrar las emociones, sino también de potenciar los rasgos positivos y superar los negativos. Para practicar plenamente este tipo de inteligencia, un CEO debe tener también la capacidad de reconocer y abordar las motivaciones inconscientes de otras personas. Solo al conectar en un nivel profundo será capaz de motivar a los demás a actuar.

LA BÚSQUEDA DE LA AUTOCONCIENCIA

Todos nos sentimos atraídos por las personas amables y cordiales, que recuerdan nuestro nombre y se toman el tiempo de saludarnos. Cuando nos piden que describamos a esas personas, siempre decimos que tienen una gran personalidad. Tal vez, en secreto, nos gustaría ser como ellos. Creemos que las personas con una gran personalidad alcanzarán el éxito con mayor facilidad.

Aunque podría parecerlo, la personalidad no suele ser un buen indicador de éxito. Un estudio de la Escuela de Relaciones Industriales y Laborales de Cornell encontró que la autoconciencia, más que la personalidad, predice mejor el éxito profesional. Conocer tus propias fortalezas y debilidades te permite colaborar eficazmente con personas de habilidades y experiencias distintas. Además, entenderse a uno mismo facilita la aceptación de ideas y perspectivas diferentes. Por otro lado, la falta de autoconciencia puede llevar a comportamientos rígidos, tercos y dificultades en las relaciones interpersonales.

Sería fácil suponer que todos los líderes exitosos, ya sea en los negocios o en la política, nacen con autoconciencia, como una característica innata, algo codificado en su ADN. Pero sabemos que no es así.

La psicóloga organizativa Tasha Eurich afirma que «el noventa y cinco por ciento de las personas creen que son conscientes de sí mismas, pero solo entre el diez por ciento y el quince por ciento lo son realmente».[2] Esta brecha en la autoconciencia es aún mayor a medida que ascendemos en la escala del éxito. Eurich afirma que «cuanto más poder tiene un líder, más probable es que sobrestime sus habilidades y capacidades». Un estudio de más de 3,600 líderes de distintos cargos y sectores descubrió que, en comparación con los líderes de menor nivel, los líderes de mayor nivel sobrevaloraban más

---

2   Tasha Eurich, "What Self-Awareness Really Is (and How to Cultivate It)", *Harvard Business Review*, 4 de enero de 2018, https://hbr.org/2018/01/ what-self-awareness-really-is-and-how-to-cultivate-it.

sus habilidades (en comparación con las percepciones de los demás). De hecho, esta tendencia se observó en diecinueve de las veinte competencias evaluadas por los investigadores, que incluyen la autoconciencia emocional, la capacidad de autoevaluación precisa, la empatía, la confiabilidad y el desempeño en liderazgo.

Una posible explicación para este déficit puede estar relacionada con el *estatus*. Similar a los deportistas famosos que solo reciben elogios de los fans que desean acercarse a ellos, los líderes también raramente obtienen retroalimentación honesta de sus cercanos. Esto se debe a que nadie quiere ser la persona que le dice al Emperador que está desnudo. Además, las empresas tienden a valorar a aquellos que son positivos y considerados «jugadores de equipo». Es preferible asentir y estar de acuerdo que desafiar la creencia de la autoridad y poner en riesgo tu trabajo.

Si esto es cierto —y, según mi experiencia, lo es sin lugar a dudas—, la única forma de que el CEO alcance un verdadero autoconocimiento es analizando sus propias acciones con ojo crítico. Como CEO, debes hacer el trabajo que otros no quieren o no pueden hacer: examinar críticamente tus creencias y comportamientos, y trabajar para optimizarlos.

El gurú de la gestión Peter Drucker aconseja: «Cada vez que tomes una decisión, escribe lo que esperas que pase. Nueve o doce meses después, compara los resultados con lo que esperabas... es la única manera de descubrir tus puntos fuertes». Drucker llama a este proceso «análisis de retroalimentación». Warren Buffett puede ser el más famoso practicante de este método. Durante años, ha escrito las razones de cada inversión que hace. Luego, compara su decisión con el resultado final, anotando lo que funcionó y lo que no, así como la validez de su razonamiento y las motivaciones detrás de sus decisiones.

Cuanto más trabaje un CEO en sí mismo —comprendiendo el paisaje interno de su propia psicología— mejor líder podrá ser. Es el trabajo de toda una vida. No existe un camino sencillo, pero quienes poseen la visión y la determinación para someterse a una autoevaluación continua, podrán alcanzar pequeñas victorias de forma constante.

EL MOMENTO
DE ELEGIR

"El destino no es una cuestión de azar, sino de elección. No es algo que haya que esperar, es algo que hay que conseguir".

—WILLIAM JENNINGS BRYAN

En general, los CEOs son lectores. Probablemente por eso tienes este libro en tus manos en lugar de estar viendo un video de YouTube sobre cómo ser el mejor CEO del mundo. Las estadísticas muestran que el estadounidense promedio lee tres libros al año, pero el CEO promedio lee doce. Los CEOs asimilan y ponen en práctica las ideas que van encontrando en los libros que leen. Leen más que la mayoría de las personas porque buscan mejorar constantemente, buscan desempeñarse mejor y tomar decisiones más acertadas.

Las decisiones nunca son fáciles. Rara vez se le presenta a un líder una decisión binaria: «¿Deberíamos hacer esto o aquello?». En realidad, cada decisión implica varias opciones, y cada una puede parecer adecuada bajo ciertas circunstancias. Antes de tomar una decisión, es común que un CEO consulte con expertos, pida la opinión de su equipo directivo o escuche a asesores de confianza. Sin embargo, al final, los CEOs son contratados para tomar decisiones. En cuestiones clave como la cultura de la empresa, la gestión de personas y las finanzas, el CEO es el único que toma la decisión final y no puede delegar esa responsabilidad. Además, debe enfrentar las consecuencias de sus decisiones, sean positivas o negativas.

Se ha escrito mucho sobre cómo distinguir una buena decisión de una mala. Sin entrar en detalles, hay dos factores clave que suelen indicar una mala decisión. El primero es tomar decisiones que contradicen nuestras creencias y valores fundamentales sobre lo que está bien y lo que está mal. Por ejemplo, si estoy bajo mucha presión de la competencia y considero que difundir mentiras y calumnias es mi única opción para superarla, estaría actuando en contra de mi valor fundamental de la honestidad. A pesar de que técnicamente podría parecer una solución, el simple hecho de mentir ya constituye una mala decisión porque traiciona mis principios.

El segundo factor, más común, es tomar una decisión sin el compromiso necesario para ejecutarla exitosamente. El filósofo estoico Epicteto lo explica en su obra «Enquiridión», donde enseña que:

Los esfuerzos vacilantes conducen a resultados vacilantes. Por lo tanto, entrégate plenamente a tus esfuerzos. Decide construir tu carácter a través de acciones excelentes y acepta pagar el precio de un objetivo digno. Las pruebas que encuentres te mostrarán tus puntos fuertes. Mantente firme... y un día construirás algo que perdure: algo digno de tu potencial.

CRUZAR EL RUBICÓN

En el año 49 a.c., Julio César condujo a su ejército a las orillas del Rubicón, un pequeño río en Italia que marcaba la frontera norte de la República Romana. César había pasado casi una década lejos de su lugar privilegiado en la Ciudad Eterna, conquistando la Galia (actual Francia) y extendiendo la hegemonía romana desde Alemania hasta la isla de Britania. Debido a su éxito como general, César esperaba que el Senado le otorgara un *Triunfo*, el honor más alto concedido a los ciudadanos romanos.

Un Triunfo le proporcionaba a un general una oportunidad inigualable para la autopromoción y una ocasión para ganar popularidad entre la plebe romana. Al final de una semana de celebraciones, en las que se exhibía el botín de guerra y se distribuía entre el pueblo, el general desfilaba en un carro dorado, con el rostro pintado de rojo bermellón imitando a Marte, el dios de la guerra, y una corona de hojas de roble en la cabeza.

Mientras avanzaba por la Vía Sacra, la avenida central de la ciudad, llena de ciudadanos que lo aclamaban, un esclavo solitario se mantenía detrás de él en el carro, repitiendo: «Eres un hombre. No eres un dios. Sirves a Roma».

Un Triunfo era el pináculo de la vida para un romano, y César y sus tropas se lo habían ganado. Pero no todo acabaría según los planes de César. Un heraldo del Senado romano fue enviado con las siguientes instrucciones: «Disuelve tu ejército y dirígete a Roma para responder a los cargos que se te imputan en el Senado. No cruces el río con tus hombres armados. No habrá Triunfo para ti ni para tu ejército. No se te permitirá ser candidato a Cónsul». El Senado terminó el mensaje con la frase incendiaria: «Temed esto y obedeced temblorosamente».

César despidió al mensajero con dignidad y respeto, prometiéndole una respuesta al amanecer del día siguiente. El resto de la tarde, caminó por las orillas del Rubicón a solas con sus pensamientos. Al amanecer, el mensajero buscó a César en la tienda de su general y descubrió que estaba planeando cruzar el río con su ejército rumbo a Italia. La única respuesta que el mensajero recibió de parte de César fue «Alea jacta est» o «¡La suerte está echada!», era la frase utilizada por los soldados romanos para señalar el comienzo de una partida. Luego, puso espuelas a su caballo y cruzó el río.

La decisión de César de cruzar el Rubicón parecía lógica. Era un general victorioso que regresaba a casa para reclamar las recompensas que ahora se le negaban. ¿Quién se le opondría? ¿Quién? Al otro lado del río se encontraba todo el poderío de Roma, el estado más poderoso del mundo. El Senado, compuesto por los hombres más viejos, ricos y poderosos de la República, se unió contra César. El general más famoso de Roma, Pompeyo Magno, en otro tiempo yerno y socio político de César, y posiblemente su superior tanto en influencia como en logros militares, lideraba la oposición.

Para derrotar a César, el Senado le ordenó a Pompeyo que reuniera un ejército de 130,000 soldados, reclutando a tantos hombres como fuera posible en las provincias. Todo el dinero necesario para poner a los hombres en armas provendría del tesoro público y de la riqueza privada de los senadores. También se recaudarían contribuciones de las ciudades aliadas y sometidas de la República.

En cambio, César solo contaba con una legión de cinco mil hombres. Pero a pesar de la abrumadora desventaja, tanto en riqueza como en hombres, César fue capaz de recurrir a un rasgo interior que ni Pompeyo ni el Senado poseían: la determinación.

El Senado esperaba que César enviara refuerzos desde la Galia antes de avanzar contra la ciudad. Pero César entró en Italia mientras el Senado aún estaba debatiendo sus opciones y Pompeyo estaba reclutando tropas. La rapidez y audacia de César conmocionaron al Senado, y cuando su legión hizo sonar el cuerno de carnero para anunciar su llegada a Roma, el Senado y Pompeyo huyeron al campo, refugiándose finalmente en Egipto, a 1,500 millas de distancia, dejando a César como amo indiscutible de Roma.

¿La decisión de César de cruzar el Rubicón fue un acto impulsivo que resultó exitoso por pura suerte? ¿O su audacia se basó en algo más profundo?

César era un hombre que creía en el destino. Concederle un *Triunfo* era su derecho no solo como general victorioso, sino como miembro distinguido del clan juliano, descendiente de dioses y reyes. Negarle este derecho no solo era una afrenta a sus logros militares, sino a su propia persona e identidad. En su interior, César se veía a sí mismo como alguien destinado a la grandeza. A lo largo de su vida, cada acción que emprendía era un paso hacia la consecución de este objetivo. Para César, cruzar el Rubicón y enfrentarse a quienes le negaban su derecho de nacimiento no solo era lógico, sino que estaba predestinado y era inevitable.

Al igual que César, todos debemos tomar decisiones difíciles. Pero, ¿reflejarán las decisiones que tomes tus creencias y valores? ¿Te convertirás en el CEO que tu empresa merece? La elección es tuya. Como César, decide sabiamente.

Sección II

CULTURA

LA CULTURA LO SUPERA TODO

"La cultura se come a la estrategia en el desayuno".

—PETER DRUCKER

Como hemos visto, cada colaborador en una empresa tiene una imagen propia y una idea de cómo se relaciona con el mundo. Estas autoimágenes influyen en cómo juzgan situaciones, cómo actúan y cómo responden a desafíos y oportunidades. Lo mismo ocurre con las empresas, que al fin y al cabo, están formadas por personas. La identidad de una empresa se refleja principalmente en su cultura.

Un CEO tiene tres responsabilidades principales, siendo una de ellas gestionar la cultura de la empresa. Es fundamental que un CEO alinee la cultura de la empresa con los valores de sus empleados. Aunque este objetivo puede ser desafiante, no es algo nuevo. A lo largo de la historia, líderes de diversos tipos y capacidades han enfrentado el desafío de entenderse a sí mismos y a las sociedades en las que operaban. Solo entendiendo estos aspectos, han podido crear algo duradero y significativo.

TU VENTAJA COMPETITIVA MÁS IMPORTANTE

Cuando analizas las razones del éxito de una empresa, podrías empezar considerando la calidad de sus productos, la sofisticación de sus procesos internos y sus activos como patentes y marcas registradas. Algunos CEOs valoran especialmente al equipo de personas que respaldan la misión de la empresa como un factor no menospreciable del éxito de sus compañías. Sin embargo, cada vez más CEOs están reconociendo que la cultura de sus empresas es la ventaja competitiva más significativa.

Un abrumador 82% de los encuestados en el estudio de Deloitte «Tendencias mundiales del capital humano» afirmaron creer que la cultura es una ventaja competitiva en potencia. Sin embargo, la mayoría de las empresas tienen dificultad para construir una cultura empresarial vibrante. La misma encuesta reveló que solo el 12% de los CEOs creen que sus empresas están construyendo la «cultura adecuada», y el 19% cree que su empresa tiene actualmente la «cultura adecuada».[3]

Esta toma de conciencia, de que la Cultura juega un papel crucial en el ciclo de vida de una empresa, viene en boga desde ya unos cuantos años. Pero muchos CEOs aún pasan por alto o subestiman el valor de la cultura. Una cultura empresarial es una tarea compleja y de gran impacto, que solo el CEO puede liderar efectivamente. Quienes se centran en los detalles cotidianos de la empresa a menudo no experimentan el flujo de trabajo eficiente que resulta de una cultura bien establecida.

Cuando la cultura prospera, atrae a personas con talento que actúan de forma excepcional en nombre de la empresa, lo que por consecuencia mejora sus resultados. Cuando la cultura de una empresa se rompe, sus mejores empleados se van en busca de otras oportunidades, y es poco probable que los que se quedan actúen en beneficio de la empresa.

Sabemos intuitivamente que la cultura es importante, pero los problemas culturales no son siempre obvios. Se manifiestan a través del comportamiento de las personas y los resultados de este comportamiento, lo que los hace más difíciles de iden-

---

3   "Global Human Capital Trends 2016", Deloitte University Press, consultado el 10 de septiembre de 2020, https://www2.deloitte.com/content/dam/Deloitte/global/Documents/ HumanCapital/gx-dup-global-human-capital-trends-2016.pdf.

tificar y solucionar. Por eso, es crucial aprender a considerar la cultura como un factor crucial para el éxito de tu empresa.

¿QUÉ ES LA CULTURA EMPRESARIAL?

Las palabras más importantes de cualquier idioma, como «cultura», son tan fundamentales que definirlas resulta todo un desafío. Imagina intentar explicar el concepto de «amor» a alguien cuya lengua materna no tiene un término equivalente. ¿Cómo empezarías a definir algo tan esencial y básico?

Al definir la Cultura de tu empresa, te enfrentas a una tarea similar. Literalmente, Cultura tiene tres significados divergentes:

- Existe la Cultura como un proceso de enriquecimiento individual; decimos que ciertas Personas son «Cultas» porque han invertido tiempo en adoptar modales refinados y hábitos interesantes.
- Existe la Cultura como una forma de vida particular de un determinado grupo de personas, como cuando hablamos de la Cultura Francesa o la Cultura de los Nativos Americanos.
- Por último, está la Cultura como un conjunto de actividades: visitar museos, ir a conciertos, leer libros, ver películas, etc.

Estas tres definiciones de Cultura son bastante diferentes y pueden competir entre sí. Cada vez que utilizamos la palabra Cultura, nos inclinamos sutilmente hacia uno de sus aspectos: hacia la Cultura que se obtiene pasivamente por ósmosis o hacia la Cultura que se aprende activamente y con mucho esfuerzo; hacia la Cultura que te hace mejor persona o hacia la Cultura que indica tu identidad como miembro de un grupo. Reconocer la diferencia entre los tres significados permite utilizarlos todos. Si profundizamos, podemos utilizar la etimología de la palabra para arrojar algo de luz sobre su significado.

El uso original de la palabra Cultura proviene del latín, del verbo «colere» que significa «cuidar, atender y cultivar mediante la preparación de condiciones externas». Así que, en su sentido más antiguo, la Cultura era simplemente el resultado de aquello que se valoraba y se cuidaba.

Hoy en día, el concepto de cultura abarca mucho más que sus definiciones tradicionales, y su relevancia para cualquier empresa es clara. La cultura representa el ambiente ético en el que vivimos y trabajamos, incluyendo las creencias, comportamientos, tradiciones y rituales que nos unen. Cada grupo de personas crea su propia cultura, un conjunto de normas y creencias compartidas sobre cómo comportarse correctamente entre sí. Entender la cultura de un grupo puede ser un mejor predictor del comportamiento futuro que la biología o la personalidad.

Considera este ejemplo: Todos conocemos a alguien con una personalidad grande y ruidosa, que domina cualquier sala en la que entra. Pero, ¿qué sucede cuando esa persona asiste a un concierto de música clásica? ¿Se destacará como lo hace usualmente o se adaptará a la conducta más reservada del público?

La cultura predomina sobre todo. Predomina sobre la personalidad, sobre la biología, sobre nuestra educación y formación previas. La cultura predomina sobre todo porque impulsa el comportamiento. Es tácita, automática y casi invisible. La cultura nos ayuda a determinar lo que debemos o no debemos hacer en una situación determinada. Esto es lo que hace que la cultura sea crucial para las empresas: el CEO no puede estar físicamente presente para influir en todas las decisiones que cada colaborador debe tomar cada día. Pero la cultura sí puede.

La cultura es el agua en la que nadamos y, al igual que los peces, normalmente no nos damos cuenta de que está ahí. El papel del CEO es cuidar la Cultura. Nutrirla para que esté fresca y sana. De lo contrario, peligrosos parásitos invadirán el estanque.

HISTORIA DE DOS CULTURAS

En tu empresa existe una Cultura, y no importa si tú la diseñaste o si surgió de un retiro de tres días titulado «La forma en que trabajamos». No importa si hablas o eres consciente de ella, porque otros lo son. Está ahí.

La cultura de tu empresa puede ser el resultado de una elección deliberada, impulsada por tus decisiones como CEO y defendida por tu gente, o puede ser el resultado colectivo de las decisiones no guiadas ni supervisadas de tu equipo. La cultura es como un terreno fértil. Si siembras y riegas, puedes hacer crecer un frondoso jardín. Si dejas la parcela desatendida, las malas hierbas invadirán la propiedad. Pase lo que pase, algo crecerá. Así funciona la Cultura.

Las culturas empresariales se pueden clasificar en dos tipos:

- **Cultura de Mínimo Común Denominador:** Estas culturas surgen de manera accidental y son moldeadas por las acciones de los empleados y las reacciones de la dirección. Son frágiles y cambian con facilidad, a menudo reflejando solo los intereses de algunos empleados en lugar de los de toda la empresa. En estas culturas, los clientes y los objetivos a largo plazo de la compañía suelen quedar relegados. No se alcanzan grandes logros ni se superan desafíos significativos.
- **Cultura Intencional:** Los CEOs que dedican tiempo a

definir y fomentar la ideología central de su empresa son fundamentales en el ámbito empresarial de Estados Unidos. Estos líderes se esfuerzan diariamente para asegurarse de que los valores positivos de la empresa sean adoptados por cada empleado. En estas culturas, las decisiones se toman teniendo en cuenta tanto los intereses de los clientes como los de la empresa, lo que permite un crecimiento sostenido y significativo.

La cultura en una organización existe, quieras o no. Si decides cultivar y nutrir activamente esta cultura, puedes usarla como un motor para acelerar el crecimiento y llevar a tu empresa a alcanzar metas más altas. Si no lo haces, la cultura del mínimo común denominador llenará el vacío.

Como CEO, puedes elegir entre ignorarla, lo que permite que las malas hierbas ahoguen tus cosechas, o invertir en la práctica intencionada de cuidar y mimar la finca, proporcionando a tus plantas los nutrientes y el apoyo que necesitan para florecer. Este es tu jardín. ¿Qué vas a plantar?

EL ENTORNO ÉTICO EN EL QUE VIVES

Tu cultura, el entorno ético en el que vives, puede formarse automáticamente. Nadie se levanta por la mañana y dice: «Hoy encontraré a tres personas con ideas afines que compartan mis creencias fundamentales sobre la ética y la justicia. Construiré una parte sustancial de mi vida en torno a ellos, y ellos harán lo mismo conmigo. Lograremos grandes cosas gracias a esta relación simbiótica».

Sin embargo, lo hacemos inconscientemente, filtrando a las personas que entran y salen de nuestras vidas en función de las *nanoseñales* que se producen a nivel neuronal en nuestro cerebro. Estamos programados para buscar a quienes son afines a nosotros y atraerlos a nuestras vidas. Parece accidental, y cuando funciona, se le llama serendipia.

Cuando una cultura se deteriora y se vuelve tóxica, ya sea por intereses egoístas de alguien o por la llegada de nuevos miembros con ideologías distintas, puede resultar en un daño psicológico para los involucrados. De la misma manera que el agua contaminada afecta a todos los peces de un acuario, una cultura tóxica puede perjudicar a cada persona dentro de la organización.

Si esto no se maneja adecuadamente y la situación se vuelve irreparable, cada relación dentro del grupo podría deteriorarse y la cultura podría perder su identidad original. Por lo tanto, nuestra responsabilidad es mantener un ambiente saludable constantemente y actuar rápidamente para eliminar cualquier toxicidad que detectemos.

Es importante reconocer que hay tres dimensiones en el comportamiento humano que trascienden el ámbito individual y se aplican también a las organizaciones. Una cultura efectiva en una empresa alinea estas dimensiones dentro de un marco coherente y participativo. Esta alineación se logra en parte por cómo los líderes, como los CEOs, ejemplifican y promueven los comportamientos adecuados, y en parte por la selección cuidadosa de personas que se unen al equipo.

Aunque los CEOs no pueden imponer una cultura simplemente por decreto, sí tienen la capacidad de influir y moldearla con el tiempo. Construir intencionalmente una cultura que refleje y celebre los valores fundamentales de sus miembros representa una oportunidad emocionante para cualquier líder.

TU PROPUESTA
DE VALORES

Tus creencias se convierten en tus pensamientos,
tus pensamientos se convierten en tus palabras,
tus palabras se convierten en tus hábitos,
tus hábitos se convierten en tus valores,
tus valores se convierten en tu destino.

—GANDHI

Henry Ford creía tanto en el poder del dinero como en el poder de la gente. Pero para que una creencia fuera más que palabras, sabía que debía ponerla en práctica. Eso fue lo que hizo cuando se enfrentó a la rotación de personal.

Un poco de historia: En 1913, Henry Ford introdujo la cadena de montaje móvil en su planta de Highland Park, Michigan. La innovación funcionó mejor de lo esperado y la producción del automóvil Modelo T de la empresa casi se duplicó. El problema era que el trabajo monótono y repetitivo de la cadena de montaje provocaba el abandono masivo de los trabajadores.

Ford decidió tomar medidas radicales. Como primera medida, Ford Motor Company reduciría la jornada laboral de nueve a ocho horas. También ampliaría a tres turnos al día en lugar de dos, creando así más puestos de trabajo. Pero la mayor sorpresa llegó cuando Ford anunció que duplicaría con creces el salario base hasta los cinco dólares diarios. Esto significó una inversión anual adicional de 10 millones de dólares para mejorar la vida de sus trabajadores.

Fue la mejor inversión que hizo Ford. En un año, la rotación de personal cayó del trecientos setenta por ciento al dieciséis por ciento. En el mismo periodo, la productividad aumentó hasta un setenta por ciento, lo que permitió a la empresa reducir el precio del Modelo T de unos ochocientos a trescientos cincuenta dólares. En una entrevista, hablando sobre el aumento salarial y sus consiguientes beneficios, Henry Ford dijo a los periodistas: «Creemos en hacer prósperos y felices a veinte mil hombres en lugar de seguir el plan de hacer millonarios a unos pocos negreros de nuestro establecimiento».

DE LA INTENCIÓN A LA CULTURA

Como hemos aprendido, nuestra intención tiene el poder

de afectar incluso al mundo físico. Formar una Cultura puede ocurrir por casualidad, pero solo al cuidarla, cultivarla y nutrirla continuamente obtendremos los resultados que deseamos. Esto es lo que hace que nuestra Cultura se manifieste en el comportamiento diario de nuestra Gente.

Henry Ford enfrentó un problema cuando su cadena de montaje hizo que el trabajo en su empresa fuera monótono y aburrido. Aunque podría haber ignorado esta situación, decidió actuar antes de que alguien más lo hiciera, probablemente debido a que un descontento generalizado entre los empleados podría haber empeorado las cosas. En respuesta, Ford puso en práctica sus convicciones, mostrando a sus trabajadores que entendía y compartía sus preocupaciones sobre las condiciones laborales que había establecido.

Si no cuidas tu cultura, alguien más lo hará, y el resultado será este: una cultura con el mínimo común denominador. Créeme, no es lo que quieres. Numerosos estudios subrayan lo que ocurre cuando se desarrolla este tipo de cultura. El informe de Gallup sobre «La situación del lugar de trabajo en el mundo», realizado en ciento cuarenta y dos países, revela que casi dos tercios de los empleados no están comprometidos con su trabajo, mientras que el veinticinco por ciento están activamente desvinculados y centrados en otras tareas, lo que deja a solo uno de cada siete positivamente comprometido con su trabajo.

No tiene por qué ser así. Las estadísticas de New Century Financial Corporation indican que los empleados que participan activamente en su trabajo son más productivos. Aunque esto no es ninguna sorpresa, el impacto del compromiso de los empleados puede sorprenderte. Las empresas con empleados comprometidos superan a la competencia en un veinte por ciento, ganan más que sus competidores y se sitúan por encima de la media del sector en casi todas las categorías.

Según un informe de PricewaterhouseCoopers de 2019, hay dos factores que agravan el problema y uno que ofrece una solución. Primero, si los directivos y ejecutivos no explican claramente cuáles son las expectativas de la compañía y en qué principios se basan, los empleados pierden el interés hasta que mucho tiempo después llegan a comprender lo que se exige de ellos para alcanzar estos objetivos. Segundo, si una empresa se centra solo en metas a corto plazo, los empleados pueden sentir que nunca alcanzan logros significativos.[4] El antídoto contra la falta de compromiso es centrarse en la Cultura.

Muchos CEOs encuestados en estos estudios admitieron que, aunque sabían que la Cultura era importante, no sabían cómo construirla. Sin duda es una tarea compleja, pero una cultura

---

4   "The 2019 Transparency Report," PwC, consultado el 10 de septiembre de 2020, https:// www.pwc. com/us/en/about-us/pwc-llp-transparency-report.html.

sólida será el sistema operativo sobre el que se ejecutan todas las actividades de la empresa.

Un sistema operativo cultural se compone de reglas, normas y procedimientos que definen la cultura deseada para una organización. Al igual que un sistema informático, es crucial empezar estableciendo verdades fundamentales. Por ejemplo, en la informática, todos los lenguajes se basan en el sistema binario, donde el 0 siempre es 0 y el 1 siempre es 1, valores constantes y universales en cualquier sistema. De manera similar, nuestro sistema operativo cultural también debe tener principios universales y constantes.

La organización Ritz-Carlton, sinónimo de servicio de alta calidad y elegancia, llama a su sistema operativo cultural «Gold Standards», que en español vendría a ser «Normas de oro». Todos los empleados del Ritz llevan una tarjeta con su lema: «Somos damas y caballeros sirviendo a damas y caballeros». Este lema está respaldado por los Tres Pasos de la Filosofía de Servicio, los Doce Valores de Servicio y la Promesa del Empleado. Cada día, los empleados de Ritz-Carlton en todo el mundo, miles de personas en más de noventa hoteles en veintisiete países, se reúnen durante cinco minutos en pequeños grupos llamados «Alineaciones diarias». En estas reuniones revisan uno de los Doce Valores de Servicio. Es un sistema operativo cultural en acción.

En mi empresa, seguimos trece «Actitudes de Identidad» que reflejan nuestras creencias y cómo deseamos ser evaluados al aplicarlas. Estas actitudes nos guían cuando tenemos dudas y nos sirven para evaluar nuestras acciones. Cada reunión inicia con una discusión sobre la «Actitud de Identidad» de esa semana, y cada proyecto debe alinearse con al menos tres de nuestros valores fundamentales antes de ser considerado una prioridad corporativa. Así, aseguramos que nuestro trabajo diario esté firmemente basado en nuestros valores.

Los actos intencionales son poderosos porque se basan en tus creencias, que a su vez provienen de los valores que consideras importantes. Estos valores te proporcionan el impulso emocional para tus actividades diarias y tu deseo de actuar conforme a lo que crees que es correcto. Al enfocarte en fomentar tu cultura con intención, logras cambios significativos. Las acciones deliberadas y repetidas forman el núcleo de los sistemas culturales de tu organización.

Para crear la cultura deseada en tu empresa, primero debes identificar los valores comunes de tu equipo. Estos valores son las convicciones que tu equipo considera universalmente verdaderas y son fundamentales para ellos, ya que orientan sus acciones y decisiones.

Los valores de cada persona están profundamente enraizados en su propia identidad, y colectivamente, permeabilizan toda la organización. Así como los valores personales son la base de nuestros sistemas de creencias individuales, también son el cimiento de nuestra cultura organizacional. Aprovechar estos valores compartidos te da un gran poder para influir en el comportamiento del grupo.

Estos valores pueden ser completamente conscientes, totalmente inconscientes, o algo intermedio. El primer paso para desarrollar una cultura de clase mundial es hacer que estos valores sean explícitos y actuar de acuerdo a ellos. Dedicar tiempo a reflexionar sobre tus creencias más profundas puede beneficiar enormemente a tu organización, ya que la claridad de estos valores genera entusiasmo y energía.

PASO N° 1: REALIZAR UNA EVALUACIÓN DE VALORES

El primer paso para definir la cultura de tu organización es identificar sus valores principales. Esto lo logras observando cómo actúan los miembros de tu equipo, ya que sus comportamientos reflejan los valores personales o grupales que guían sus acciones. Estos comportamientos revelan los valores fundamentales de la cultura.

Para hacer esto, debes adoptar el rol de un observador imparcial. Observa detenidamente y usa todas tus habilidades de análisis para entender mejor la cultura de tu equipo, sin necesidad de espiar o escuchar a escondidas. El objetivo es observar, no juzgar.

Considera los siguientes aspectos:

- Observa cómo se manejan las transiciones personales como cumpleaños, aniversarios laborales, promociones y otros eventos significativos. ¿Se celebran estos momentos con entusiasmo?
- Nota si tu personal es puntual y llega preparado para ser productivo. ¿Se respetan los plazos establecidos?
- Evalúa si tu equipo socializa fuera del ambiente laboral.
- Escucha las conversaciones sobre el trabajo. Identifica frases comunes y presta atención a cómo los empleados describen a la empresa, sus roles y su percepción de los clientes.
- Observa cómo decoran sus espacios de trabajo. ¿Hay fotos familiares o de mascotas, citas inspiradoras o carteles motivacionales? ¿Hay instrucciones específicas para tareas cotidianas como: cuándo tirar la comida de la nevera de la sala de descanso, cómo preparar el café, cuánto puede enfriar el aire acondicionado? ¿Qué dicen estos comportamientos sobre la cultura de tu organización?

A continuación, reúne a tu equipo para una sesión de lluvia de ideas sobre los comportamientos clave que observan en tu empresa. Sin mostrar tu propia lista, guía al equipo para que cada miembro comparta sus observaciones usando frases como "Me gusta que siempre..." o "Se nos conoce por...". Agradece cada aportación sin tratar de combinarlas; permite que cada idea se mantenga independiente por ahora.

Establecer un límite de tiempo para esta sesión ayudará a mantener los comentarios concisos y el debate al mínimo.

Mantente atento por si la discusión se vuelve negativa. Este ejercicio no es para ventilar insatisfacciones, sino para identificar valores positivos y reales en la empresa.

Al final, compara tu lista con la generada por tu equipo. ¿Ven todos la cultura de la empresa de la misma manera? Analiza las similitudes y diferencias entre ambas listas para entender mejor cómo se perciben los valores de la empresa.

Normalmente, identificarás entre diez y treinta comportamientos significativos. Evalúa cada uno para descubrir la creencia subyacente que lo impulsa; estas creencias son tus valores. Lista y consolida aquellos valores que coincidan.

Al crear tu lista de valores, reconoce que no se trata de perfección absoluta. Tus valores pueden ser aspiracionales, incluyendo metas que aún no se cumplen consistentemente. Evita convertir esta lista en un mero deseo de cómo quieres que sean las cosas. Con práctica, puedes fomentar una dinámica entre lo que es real y lo que aspiras a ser.

Aquí es donde muchos sistemas de valores empiezan a tener problemas. Los valores corporativos y las declaraciones de misión pueden terminar siendo comentarios irónicos sobre lo que una empresa realmente representa. Por ejemplo, Enron, que es conocida por sus escándalos de fraude, tenía sus valores de integridad, comunicación, respeto y excelencia grabados en mármol en su vestíbulo, aunque claramente no los practicaba. Escribir que una empresa valora la integridad no garantiza que sus empleados actúen con integridad. Más bien, una empresa debe estructurarse alrededor de sus valores y tú, como CEO, debes tomar decisiones que reflejen esos valores.

Con esto en mente, evalúa cómo tu organización realmente vive sus valores día a día. Para cada valor, pregúntate cuán seguro estás de que todo el equipo lo encarna a diario y asigna una puntuación del cero al cien por ciento.

Revisa tu lista. Los valores con puntuaciones superiores al ochenta y cinco por ciento son los verdaderos pilares de tu cultura. Los que tienen entre setenta y cinco y ochenta y cinco por ciento son valores aspiracionales seguidos solo por algunos; no definen tu cultura todavía. Los que están por debajo del setenta y cinco por ciento no son realmente parte de tu cultura, sino comportamientos esporádicos de unos pocos.

El número de valores fundamentales que decidas tener no es crucial; algunas empresas manejan solo tres, otras más de veinte. Lo importante es identificar y enfocarte en los valores que fomentan comportamientos clave para el éxito de tu empresa. Al formular tus valores, recuerda que menos es más. Elige los valores mejor calificados, aquellos que realmente se practican en tu empresa, incluso si eso significa tener menos valores en tu lista.

PASO N° 2: CREAR UNA DECLARACIÓN DE VALORES

Webster define «contexto» como las circunstancias que rodean un evento, declaración o idea, que permiten su pleno entendimiento y evaluación. Recientemente, mi empresa organizó un taller de planificación estratégica para un cliente. Durante el taller, una joven que era nueva en la empresa se involucró activamente en el ejercicio de valores. En medio de la discusión, expresó su frustración diciendo: «Está bien, pero ¿qué significa esto para mí?». Su comentario refleja la necesidad de entender el contexto.

Para que los empleados adopten de verdad los valores identificados como pilares de nuestra cultura, es crucial proporcionar un contexto que explique el porqué y cómo se aplican estos valores, y los resultados esperados.

Es tarea del CEO finalizar la lista de valores, refinándolos y proporcionando un contexto y una manera de expresarlos claramente. No es suficiente decir simplemente «Valoramos la verdad». Es necesario formular una declaración que detalle el contexto en el que ese valor se inserta, explicando por qué es esencial para nuestra cultura y cómo se manifiesta en el comportamiento de nuestros empleados. Esta declaración debería convertirse en un *mini-mantra* que los miembros de la organización puedan recordar y utilizar en situaciones problemáticas cuando no estén presentes los líderes para guiarlos. Por ejemplo, mi empresa valora la honestidad como un valor fundamental y nuestro comportamiento articulado número siete es:

SÉ VERAZ

Practicamos la Verdad por sí misma. Puede tener muchos nombres, pero las grandes Personas reconocen que la Verdad es universal e inmutable. La honestidad, la integridad, la autenticidad y hacer lo correcto son auras de gran influencia positiva. La verdad define nuestra empresa.

Sin importar las consecuencias, decimos la Verdad. Lo hacemos con firmeza cuando es apropiado, con suavidad cuando es necesario, pero con autenticidad en todo momento.

Hacemos lo correcto, además de decir lo correcto. Sabemos que la verdad aporta valor y confianza.

Al articular el valor «Se veraz» de esta manera, claramente comunicamos lo que significa para nosotros y cómo debe influir en nuestro trabajo y nuestras decisiones. Diseñamos el valor en torno a nuestra empresa y nuestra gente. Sus valores pueden ser muy diferentes, pero el marco debe ser el mismo: articular el valor, proporcionar el contexto necesario y expresar los comportamientos asociados a ese valor.

Tanto para ti como para tu empresa, los valores deben resonar emocionalmente. Cuando realizo talleres o consultas individuales con clientes, a menudo presencio lágrimas sinceras, lo que muestra cuán profundo debe ser el impacto de los valores en ti y en tu equipo. Si los valores no generan esta reacción, puede que no sean los correctos o que algunas personas no encajen bien. En cualquier caso, necesitas hacer ajustes.

Este proceso es en gran parte heurístico, es decir, se trata de analizar desde el resultado deseado hacia atrás para entender sus causas. Comienza identificando un comportamiento positivo que quieres que sea estándar en la cultura laboral. Luego, examina ese comportamiento para determinar qué valor o creencia lo sustenta. Identificar este valor te proporciona la claridad necesaria para desarrollarlo, expandirlo y formularlo de manera que sea enseñable, transferible y comprensible para todos a tu alrededor.

Entiendo que esto puede ser desafiante, pero no dejes que la frustración te detenga. No temas revisar y mejorar tus declaraciones de valores. De hecho, es recomendable hacerlo. Cuanto más esfuerzo inviertas en perfeccionar estos valores desde el principio, mayor será su aceptación y aplicación a largo plazo. El proceso de redacción concluye cuando la versión final proporciona suficiente contexto como para que alguien que se encuentre con el valor por primera vez entienda qué comportamiento se espera en tu Cultura laboral.

PASO Nº 3: ELIGE UN TEMA

En teoría musical, un tema es una figura melódica o frase que forma la base de una composición. Los temas musicales se repiten muchas veces, en diferentes formatos y por diversos instrumentos o voces, conectando así las distintas partes de la composición en un todo unificado. De manera similar, tu objetivo como CEO es crear temas culturales que conecten los diferentes valores que descubres en un sistema integrado de creencias y comportamientos—tu sistema operativo cultural.

Trabajo con clientes de múltiples industrias, y los temas de sus sistemas operativos culturales son tan únicos como las culturas que describen. Por ejemplo, uno de nuestros clientes en la industria del entretenimiento describe sus valores como los «fundamentales», con énfasis en deleitar a los clientes y proporcionar experiencias memorables. Otro cliente en el espacio de la ingeniería describe sus creencias como las «Especificaciones» y las ha redactado como si fueran un documento de especificaciones de ingeniería. Otro cliente en la industria del software promociona el «Código Fuente» como el tema de su sistema operativo cultural. Un cliente más en el negocio de franquicias de restaurantes comparte su «Salsa Secreta» con cada empleado. En cada caso, el CEO ha elegido un tema relevante que resuena con el equipo y sirve para unir los valores en un solo paquete.

Al completar este paso, debes pensar profundamente y de manera original sobre tu organización. ¿Qué tema resonará con tu equipo? ¿Qué los atraerá y mantendrá comprometidos? Usa tu creatividad y elige un tema convincente que comunique y enganche. Desarrolla el tema desde dentro y preséntalo de una manera que sea auténtica y significativa para ti. Hay muchos ejemplos valiosos a seguir, pero si simplemente duplicas el sistema de valores de otra empresa, no funcionará. El ADN del donante no coincidirá con el del nuevo anfitrión y, al igual que un trasplante de órgano fallido, tu gente lo rechazará. Puedes aprender de otros, pero tu sistema de valores debe desarrollarse de manera orgánica. Debe ser tuyo.

¿Qué tema refleja mejor el concepto de la Cultura de tu organización? ¿Qué conceptos o imágenes relacionados surgen cuando piensas en este tema? ¿Cómo podrían desplegarse para hacer el tema más atractivo para tu organización?

Por supuesto, puedes diseñar el sistema operativo cultural teóricamente más atractivo del mundo, pero si los valores consagrados en la Cultura no reflejan tu propia forma de vivir, este sistema operativo hará más daño que bien. Asegúrate de que puedes respaldar todas las ideas de tu Cultura con tus acciones, pasión y convicción. Tu éxito como CEO depende de ello.

TU COMPROMISO CON LOS VALORES DE TU EMPRESA

"La cultura es a la contratación lo que el producto al marketing".

—CÓDIGO CULTURAL DE HUBSPOT

Un CEO debe tomar acciones deliberadas para beneficiar a todos en la empresa, desde la recepcionista hasta el Director Financiero (CFO). Si el CEO no se encarga personalmente de la cultura de la empresa, alguien más lo hará, y esto puede llevar a una cultura de bajo rendimiento, donde aquellos que no tienen una visión completa como la del CEO dictan lo que realmente valora la empresa. Estas personas no tienen el mismo impacto ni acceso a la información que tiene un CEO, por lo que no pueden liderar la cultura eficazmente.

Es crucial que actúes de acuerdo con tus valores y seas responsable de ellos. En mis discursos, cuando hablo de ser responsables de nuestros valores, muchos asienten en acuerdo. Sin embargo, en la práctica, podemos ser tan inconscientes de nuestros comportamientos como cualquier otro en nuestra organización. Esto puede llevar a conversaciones reveladoras y difíciles que pongan a prueba tu compromiso con tus valores.

Por ejemplo, una vez contratamos a una joven becaria que luego ascendió a un puesto de trabajadora directa. Era inteligente y motivada, y todos estábamos de acuerdo en que sus aportes eran valiosos. Seguramente has encontrado jóvenes similares en tu organización: capaces y con potencial, que solo necesitan orientación. Ayudarlos a crecer no solo beneficia su desarrollo personal, sino que también trae recompensas continuas para la empresa. Aunque estas acciones puedan parecer pequeñas, como contratar a un becario, son fundamentales para el éxito a largo plazo de la empresa.

Un día esta chica llamó a la puerta de mi oficina y me preguntó si tenía un minuto para hablar con ella. La invité a entrar y me explicó respetuosamente por qué debíamos dar marcha atrás en una decisión que yo acababa de tomar para la empresa. El trabajo de implementación apenas había comenzado y ella creía firmemente que la dirección no estaba alineada con nuestros valores. Repasó nuestros valores y explicó por qué cada uno de ellos no estaba bien representado en la nueva iniciativa.

Me encontraba escuchando atentamente a una empleada nueva, a pesar de tener décadas más de experiencia empresarial que ella. Había hecho cálculos, investigado y estaba convencido de que nuestro nuevo plan era consistente con los valores de la empresa. Todo mi equipo estaba de acuerdo en que el plan beneficiaría a la compañía. A primera vista, parecía que no tenía sentido escuchar a alguien, que apenas era una adulta recién salida de la universidad, sobre cómo dirigir mi empresa. Sin embargo, ella tenía un punto válido: no habíamos hecho un análisis básico del impacto del cambio, y estaba tomando una decisión que molestaría a nuestros clientes.

Nuestra cultura empresarial fomenta defender nuestros valores, especialmente cuando alguien siente que no se están respetando. Habíamos enseñado a nuestros empleados a basar sus decisiones en estos valores y a tener el valor de asegurarse de que se reflejen en nuestras acciones. Gracias a haber fomentado una cultura de empoderamiento, ella pudo confrontarme—nerviosa pero con pasión—y señalar mi error. La cultura que habíamos creado superaba los sistemas tradicionales de poder y autoridad.

En ese momento, al enfrentar la evidencia de que estábamos cometiendo un error, pude haber dejado que mi ego me dominara e ignorar los valores de la empresa. Si la hubiera sacado de mi oficina por cuestionar mi autoridad, el mensaje habría sido claro para todos: hablamos de nuestros valores, pero no los practicamos. En lugar de eso, quise que el mensaje fuera que nuestros valores, no nuestro ego, guían nuestras acciones. Le agradecí por su valentía y compromiso. Reuní al equipo y le pedí que les hiciera la misma presentación. Sus argumentos prevalecieron. Revocamos la decisión y adoptamos una estrategia mucho mejor encaminada que, de otro modo, nunca habríamos descubierto. La cultura lo supera todo.

Como líder, enfrentarás muchas situaciones similares. Dirigir una empresa es una tarea compleja con innumerables obstáculos y trampas. En algún momento, deberás rendir cuentas de los valores que promueves, por lo que es crucial hacerlo bien desde el principio. No ser coherente con los valores en los que realmente crees puede sabotear tus esfuerzos en un momento crítico para tu empresa.

CONSTRUIR UNA CULTURA CON VALORES

Cuando tenía siete años, pasaba el día con mi abuelo, un importante hombre de negocios en nuestra pequeña ciudad. Visitamos su oficina, hicimos un depósito en el banco y nos paramos a tomar un café en la Cámara de Comercio. A la hora del almuerzo, tenía hambre y le pedí Kentucky Fried Chicken, mi comida favorita. Él accedió y manejó hasta el local de KFC, donde conocimos al Sr. Owen Harris, el franquiciado. Estaba caminando por el estacionamiento, recogiendo basura.

Mi abuelo y el Sr. Harris eran amigos. Hacían obras benéficas y actividades políticas juntos, así que sabía que me esperaba una larga espera mientras se ponían al día de las últimas noticias. A mitad de la conversación, el Sr. Harris se puso tenso y salió corriendo a la calle, frente a su tienda. Recogió un vaso de papel con el nombre del Coronel Sanders y volvió corriendo, esquivando autos. Mi abuelo y yo nos quedamos asombrados.

«Owen», exclamó mi abuelo, «¡te pudieron haber atropellado!». Riéndose, el Sr. Harris dijo: «Lo sé, pero no podía soportar que alguien pensara que habíamos tirado esa taza a la carretera».

Treinta y cinco años después, conté esa historia en el funeral del Sr. Harris, cuando nuestra comunidad se reunió para celebrar una vida dedicada a la búsqueda de la excelencia y los valores. El Sr. Harris no grabó sus valores en mármol; los vivió para que todos los vieran.

Lo mismo puede decirse de cualquier CEO que cree una cultura basada en valores. Debe estar preparado para vivir sus valores en todo momento.

DE LA ARTICULACIÓN A LA PRÁCTICA

En 2005, Andy Roddick —en ese momento uno de los mejores tenistas del mundo— se enfrentaba al español Fernando Verdasco en el Masters de Roma. Roddick era el cabeza de serie y el gran favorito para ganar el partido. Estaba en la cúspide de su rendimiento.

Con Roddick a punto de conseguir un triple punto de partido, el juez de línea anuló el segundo saque de Verdasco y le dio el partido a Roddick. Sin embargo, Roddick sabía que el saque no había sido fuera, sino que había golpeado en la línea. Podía haberse quedado callado y aceptar la victoria. En lugar de eso, mostró al árbitro la marca en la arcilla donde había golpeado la pelota. El árbitro revocó la decisión y concedió el punto a Verdasco. Verdasco aprovechó al máximo su segunda oportunidad y remontó para ganar el partido y eliminar a Roddick del torneo.

Los periodistas deportivos creen que la honestidad de Roddick no solo le costó un partido importante, sino que también afectó su clasificación internacional y le hizo perder una cantidad significativa de dinero en premios. Para Roddick, su integridad como jugador era fundamental y creía que los jugadores debían tratarse justa y honestamente en el campo. Valoraba más sus principios que el resultado de cualquier juego o incluso su carrera deportiva.

El escritor William S. Burroughs alguna vez mencionó que el verdadero objetivo de la educación es enseñar valores, no solo hechos. No es suficiente que un CEO conozca los valores de su organización; estos valores deben expresarse en declaraciones claras que guíen las acciones necesarias para vivir según esos principios.

El comportamiento humano es altamente influenciable por los aspectos físicos y emocionales del entorno. La historia del Sr. Harris es un ejemplo de esto, y pronto podrás observar situaciones similares en tu propia empresa. En su libro «El punto de inflexión», Malcolm Gladwell explica que incluso las epidemias biológicas están condicionadas por las circunstancias específicas del tiempo y lugar en que ocurren.

Con esto en mente, ¿cómo podemos incorporar nuestros valores en el equipo para que se internalicen y generen automáticamente los comportamientos deseados? ¿Cómo podemos fomentar un entusiasmo contagioso por la cultura que estamos creando?

Ahora que tienes un conjunto de valores claramente definidos, enmarcados en el contexto único de la cultura de tu organización, es crucial dejar que surjan las historias detrás de estos valores. Al descubrir y usar estas historias para establecer rituales que resalten la importancia de tu cultura, desencadenarás un torrente de creatividad y enfoque en tu empresa. Los rituales son esenciales, tal como Joseph Campbell menciona en su libro «El poder del mito»:

Un ritual es la representación de un mito. Al participar en el ritual, estás participando en el mito. Y como el mito es una proyección de la sabiduría profunda de la psique, al participar en un ritual, al participar en el mito, te pones, por así decirlo, en sintonía con esa sabiduría, que es la sabiduría inherente a ti. Tu conciencia es el recordatorio de la sabiduría de tu propia vida.

Ahora demos el siguiente paso clave para desarrollar tu Cultura.

ESFUERZO RITUAL

«El ritual consiste en las prácticas externas de espiritualidad que nos ayudan a ser más receptivos y conscientes de la cercanía de nuestras vidas hacia lo sagrado. El ritual es el acto de santificar la acción —incluso la acción ordinaria— para que tenga sentido. Puedo encender una vela porque necesito la luz o porque la vela representa la luz que necesito».

—CRISTINA BALDWIN

Se detienen frente a ti, sin miedo y desafiantes, unos hombres grandes y musculosos. Uno de ellos grita y los demás se unen en un cántico rítmico mientras avanzan lentamente, cada uno dando pisotones e inclinándose hasta ponerse en cuclillas, con las piernas abiertas. Para demostrar su desdén, gruñen y se golpean el pecho con las palmas de las manos mientras siguen avanzando. Este es el desafío del *haka*, la danza ritual de guerra de los maoríes, el pueblo indígena de Nueva Zelanda.

Originalmente, los guerreros interpretaban el *haka* antes de una batalla para intimidar al adversario con sus habilidades marciales. Hoy en día, la selección nacional de rugby de Nueva Zelanda, los All Blacks, realizan una impactante versión del *haka* antes de cada partido. Su interpretación ha hecho que la danza de guerra sea conocida en todo el mundo.

Aunque se asocia principalmente con los hombres que se preparan para la guerra, el *haka* también es interpretado por mujeres, e impregna a toda la cultura maorí. Se realiza la danza del *haka* para dar la bienvenida a extranjeros, reconocer logros y celebrar matrimonios o funerales. En el *haka*, se usan brazos, manos, piernas, pies, expresiones con los ojos e incluso la voz para expresar emociones acordes a cada evento. Para los maoríes, el *haka* no es solo un ritual de guerra, sino es una celebración que da forma y define su cultura e identidad.

Prácticamente, todos los países del mundo cuentan con uno o varios rituales emblemáticos de su cultura. Cada verano, miles de personas viajan a caballo hacia el sur de España para celebrar el Día de Pentecostés, en la llamada Romería del Rocío. En la India, los habitantes de la ciudad de Benarés celebran la ceremonia Ganga Aarti, en honor al río Ganges. Personas de todo el país hacen una peregrinación a la ceremonia al menos una vez en su vida. En Suecia, las muchachas bailan alrededor del árbol de mayo en la víspera del solsticio de verano, considerada una noche mágica para el amor.

IDENTIDAD COMUNITARIA

Los rituales son una externa manifestación de nuestra vida interior. Definen nuestros orígenes y aspiraciones: no solo quiénes somos, sino en quiénes queremos convertirnos. Sostienen nuestros valores y nos brindan propósito y estructura. Nos proporcionan una identidad dentro de nuestras comunidades. Sin ellos, perdemos el sentido de pertenencia.

Al convertir un aspecto específico de la Cultura en un ritual, haces que sea más fácil de compartir y transmitir. La repetición condiciona a los miembros de la comunidad a pensar y comportarse de manera que se ajusten a la Cultura. Esta es una forma muy antropológica de decir que la práctica hace al maestro. Los rituales son parte de lo que nos hace humanos y, por esta razón, forman parte de nuestro día a día.

Para los religiosos, el acto de ir a la iglesia, a la sinagoga, a la mezquita u otro lugar de culto cada semana, es un ritual cultural. Lo repetimos regularmente con un grupo específico de personas. Los servicios de la iglesia de nuestra elección suelen seguir un formato regular, y el contenido de ese ritual —desde cantar himnos o recitar las escrituras hasta rezar colectivamente— está diseñado para mantener y fortalecer los valores y reforzar nuestra identidad como miembros de la tribu. Con el tiempo, la expresión de esos valores empieza a atraer personas al grupo, que comparten ideas similares y pueden participar en los rituales. Crear y practicar rituales puede transformar una inclinación en un valor realizado. Vincula estos rituales y comenzarás a transformar tu Cultura.

Como hemos visto, en los pequeños grupos del Ritz-Carlton, las «Alineaciones Diarias» de tan solo cinco minutos bastan para revisar y reafirmar los valores de la empresa. Esto es un ritual que va reforzando, con tinta indeleble, el siguiente mensaje: «Estos son nuestros valores y hoy es una nueva oportunidad para practicarlos».

En mi propia empresa, cada semana escogemos una «actitud destacada», centrando la atención en una persona que encarna esa actitud. Empleamos nuestras «actitudes destacadas» para iniciar las reuniones y, como he mencionado antes, las utilizamos activamente para la toma de decisiones. Si una elección no incorpora varias de estas actitudes destacadas, es señal de que no se ajusta a nuestro rango de valores, y, por tanto, no merece atención.

Vivimos de acuerdo con nuestros valores. Eso es lo que hacen las culturas empresariales poderosas. Desde Zappos hasta Google o Apple, toda empresa y su personal están inmersas en los valores que emanan de su cultura. Cuando esos valores se practican dentro de la organización, suceden cosas asombrosas para el negocio, pues todos sirven, desde sus fortalezas individuales, a la misma misión.

Los rituales son el camino a la práctica. Si no estableces rituales, tu empresa será solo otra cuyos valores se mencionan en su página web, pero nadie —ni tú ni mucho menos tus empleados— los tomarán en serio. Y ese es un problema se reflejará en el rendimiento de la empresa. Los rituales son la manera en que evitamos ese resultado.

CONSTRUYENDO RITUALES

Los rituales tienen muchas formas y tamaños, con variantes de diversa importancia. Si eres fanático de los deportes, probablemente sepas identificar la variedad de rituales que implica apoyar a un equipo. «Pequeños rituales» como llevar una camiseta al trabajo los días de partido, requieren un esfuerzo relativamente bajo; después de todo, solo tienes que ponerte una camiseta. Recibir regularmente a amigos y familiares para ver los partidos de la temporada requiere otra clase de trabajo. Además de limpiar y decorar la casa, hay que preparar una mesa llena de aperitivos y bocadillos. Estar atento a la cobertura previa y posterior al partido también forma parte de este ritual.

Ser seguidor o hincha de un equipo deportivo agrupa una serie de rituales, los cuales se entrelazan y forman una cultura. Sin embargo, aunque muchos de estos rituales parecen surgir de manera espontánea, en realidad las empresas de marketing y las marcas deportivas los impulsan para fortalecer la fidelidad hacia un equipo en específico. Pensemos en la «Terrible Towel» (o la «toalla terrible», en español) de los Pittsburgh Steelers, o en el «Tomahawk Chop» («golpe de hacha de guerra») de los Atlanta Braves. Ninguno surgió de manera orgánica; más bien, fueron impulsados por los equipos para crear un sentido de pertenencia y comunidad entre sus aficionados.

¿Sigues creyendo que los rituales no influyen en nuestras creencias? La leyenda del tenis, Serena Williams, no se cambia de calcetines en todo un torneo (162 partidos). Esto sucede porque, al principio de su carrera, cuando estaba a punto de conseguir una gran victoria, se puso un par de calcetines nuevos, jugó mal y perdió el título. ¿Tienen los calcetines malolientes algún poder místico sobre su juego? Por supuesto que no, pero su ritual afina su atención, refuerza sus creencias y le da una ventaja mental.

¿Qué rituales existen actualmente en tu empresa? ¿Cuál es la forma en que tu organización transmite su cultura a las personas que recién se incorporan? ¿Cómo celebra las transiciones de un puesto a otro? ¿Qué acciones se llevan a cabo colectivamente para expresar gratitud a los miembros del equipo? Cada una de estas acciones es un ritual, repetido en nuestro código antropológico para identificar las cosas que consideramos importantes.

En cierta medida, un ritual que brota naturalmente entre tu gente, puede ser un síntoma de una cultura saludable; pero si actualmente tienes una cultura de mínimo común denominador, es probable que estés tratando con rituales de mínimo común denominador. Es posible que tu equipo de ventas solo se reúna todos los jueves para tomar una copa y quejarse de la dirección de la empresa.

O puede que tu equipo de desarrollo de software juegue a los dardos en la sala de descanso después de un lanzamiento exitoso, porque quieren compartir un momento de camaradería y familia.

Es probable que tengas más rituales de los que crees. Pero sé sincero contigo mismo: ¿estos representan los valores que consideras importantes para tu empresa? Para que un ritual sea positivo en tu negocio, debe tener los siguientes ingredientes:

1. **Una finalidad:** Cada ritual debe impulsar o reforzar un valor compartido. Existen actividades que los grupos realizan, pero que no alcanzan el nivel de ritual. La diferencia entre una actividad rutinaria y un ritual es la finalidad.

2. **Ser repetitivos:** Los rituales están diseñados para repetirse una y otra vez. Aunque algunos de sus aspectos secundarios pueden cambiar, su núcleo permanece y es sencillo de repetir. La frecuencia varía de un ritual a otro, pero debe repetirse con cierta regularidad. Para reforzar la creencia

fundamental, lo mejor es transmitir el mismo mensaje cada vez que se repiten.

3. **Ser prácticos:** Para que los rituales sean efectivos, deben ser accesibles y fáciles de practicar. Si la acción es demasiado compleja o pesada, la probabilidad de que se practique con regularidad disminuye significativamente.

Las Alineaciones Diarias del Ritz-Carlton cumplen con cada uno de estos elementos. Refuerza los valores de la empresa, se lleva a cabo diariamente y es lo suficientemente breve como para ser accesible a todos. A Michael, portero del Ritz-Carlton de Atlanta, le preguntaron si es aburrido hablar de lo mismo todos los días. Respondió: «Sinceramente, puedo decir que no ha habido un solo día en el que no haya aprendido algo. Conoces mejor a tus compañeros, cómo piensan sobre las cosas. Aprendes sobre la empresa para la que trabajas. También aprendes a compartir algo sobre ti mismo. Quizás me ayude a ser un mejor miembro del equipo —estoy seguro de que sí—, pero sin duda me hace una mejor persona».

En mi propia empresa, cada semana nos enfocamos en una «actitud destacada» de la semana. Los lunes por la mañana, alguien de la empresa envía un correo electrónico y resalta la «actitud destacada» de esa semana. En el mensaje se cuenta cómo esa persona ha sido testigo de la práctica de aquella actitud destacada en nuestra empresa. También incluye algunos comentarios sobre por qué es importante para el equipo. Lo hacemos cincuenta y dos semanas al año. Esto significa que cada una de nuestras trece declaraciones de valores ocupa, por cuatro veces al año, un lugar central en estos correos.

INTRODUCIR CAMBIOS DE RITUALES

Cuando un agricultor decide revitalizar un campo agotado, pasa años rotando los cultivos adecuados y añadiendo fertilizantes, analizando y reanalizando el contenido del suelo para medir su progreso. Cambiar el rumbo de tu empresa puede que no lleve una década, pero sí requiere una transformación gradual. Es posible que te resistas a un nuevo ritual, especialmente si la cultura actual es algo tóxica, por lo que tendrás que convencer a tus líderes internos de que apoyen la nueva iniciativa.

Una vez que la primera ronda de rituales se establece, puedes implementar otra capa de rituales, y luego otra; así, hasta llegar al punto en que tu Cultura se exprese automáticamente. Con el tiempo, llegará un punto en que no necesites de nuevos rituales y puedas centrarte en la salud de los que ya tienes.

LAS FORMAS DE LOS RITUALES

El tamaño y la frecuencia de los rituales varían de acuerdo

a la forma en que son practicados. Como arquitecto de la Cultura, una de tus misiones es equilibrar los rituales diarios de tu empresa. Si tienes demasiados, sobrecargarás a tu equipo de tareas y perderás oportunidades de construir y celebrar tu Cultura. De igual manera, si dependes de grandes eventos pero poco frecuentes, tu cultura carecerá del refuerzo necesario para fortalecerse. El equilibrio es esencial.

El esfuerzo que significa practicar un ritual suele relacionarse con su frecuencia. Los rituales que se repiten varias veces al día suelen ser pequeños y ligeros. A medida que se escala hacia un ritual anual, es probable que se requiera un esfuerzo mucho mayor. Revisemos los diferentes tipos de rituales y exploremos ejemplos de cada uno de ellos:

1. **Los rituales persistentes:** son practicados de manera constante. Por ejemplo, organizaciones como el Ritz-Carlton y Chick-fil-A enseñan a sus equipos a decir «es un placer» en lugar de «de nada», luego de que sus clientes les dan las gracias. Esto marca un lineamiento tanto para los clientes como para los empleados. Las pequeñas acciones, llevadas a cabo en función de las necesidades, sirven para reforzar la cultura y pueden tener un gran impacto con el tiempo.
2. **Los rituales diarios:** son pequeños recordatorios que marcan la pauta de lo que hay que realizar ese día. Los desarrolladores de software que practican un método de programación ágil, valoran el progreso incremental y las

fechas de lanzamiento firmes. En las empresas de software, los miembros del equipo de programación asisten a una reunión o *stand-up* diaria para cubrir los progresos realizados en las tareas afines al equipo. Cada persona escoge su carga de trabajo diaria, basándose en la información recibida del conjunto del equipo; de este modo, se busca cumplir los plazos y los ritmos de trabajo.

3. **Los rituales semanales:** generalmente siguen un calendario regular y requieren tiempo de preparación. Por ejemplo, el correo electrónico semanal que utilizamos en mi empresa es un ritual relativamente fácil para la mayoría. Los empleados leen rápidamente el correo electrónico, se toman unos minutos para responder y comentar mediante la cuenta de Slack; normalmente, felicitan a la persona elogiada en el correo electrónico. La persona encargada de escribir el correo electrónico es escogida con reflexión y cuidado, pero la rotamos semanalmente; al repartir la responsabilidad, evitamos que se convierta en una tarea de una sola persona o equipo. Los rituales semanales tienen otras variantes. El *casual friday* es técnicamente un ritual semanal, pero por sí solo no es muy interesante. Un *casual friday* que es usado, por ejemplo, para recaudar fondos para una causa hace que el ritual sea más significativo. Hay que ser creativo y reflexivo..

4. **Los rituales mensuales:** suelen ser actos de una hora o más de duración, y requieren de preparación y compromiso por parte de los empleados. Por ejemplo, algunas empre-

sas celebran reuniones periódicas para darle al personal la oportunidad de compartir sus preocupaciones y así recibir información actualizada. Otras empresas permiten a los empleados encabezar comités sobre iniciativas de caridad, y esos grupos a menudo se reúnen mensualmente. Tu propia empresa puede ofrecer servicios opcionales a los empleados, como capacitación adicional y talleres que sean enriquecedores.

5. **Los rituales anuales:** suelen ser momentos importantes para la empresa, y ocupan la atención de la compañía entera. Muchas empresas promueven retiros anuales o celebran fiestas comunitarias. Estos eventos son oportunidades para revisar, desde el plano de lo ritual, tus valores. Timberland, por ejemplo, ofrece la iniciativa «The Path of Service» (o El Camino del Servicio, en español), mediante la que sus empleados dedican cuarenta horas de su tiempo libre remunerado a servir a sus comunidades, pudiendo solicitar hasta seis meses sabáticos para generar un impacto positivo.

Espero que estés comenzando a ver el potencial de lo que es una Cultura solida. Muchas empresas se limitan a hablar de su cultura sin darle importancia. No hagas lo mismo. Haz que tus valores cobren vida de una manera impactante y original, y demuéstrale a tu equipo y al mundo lo que tu empresa representa.

PROMOVER Y DAR SEGUIMIENTO

Conforme hayas implementado los rituales en tu empresa, necesitarás una forma eficaz de rastrear y medir su impacto y así asegurar su éxito. Si inicias un ritual que no tiene aceptación —el personal no se muestra interesado y simplemente se limita a seguir las instrucciones—, elimínalo. No hay nada más corrosivo que un ritual forzado y poco auténtico. Perjudica la cultura y disminuye el respeto de tu personal por la empresa.

Si no evalúas periódicamente tu Cultura, la empresa puede empezar a irse a pique. Cuanto más te desvíes, más recursos necesitarás para corregir el problema, y mayor será la probabilidad de perder el rumbo. Para evitarlo, elabora un plan para mejorar la cultura. Este plan debe establecer un enfoque por fases; a continuación, realiza un seguimiento de tus progresos desde el momento en que empezaste a tomar medidas.

Implantar un cambio cultural no es diferente de cualquier otro proyecto que hayas tomado en el trabajo. La cultura es una iniciativa interna de la empresa, por lo que debe tratarse con el mismo esmero que un nuevo sitio web o la próxima versión de un producto estrella. Diseña hojas de ruta. Asigna tareas. Reúnete regularmente con los líderes y jefes relevantes para evaluar el progreso.

Los rituales son manifestaciones externas de los valores

y creencias que definen tu Cultura. Pero ¿cómo se ve una Cultura correctamente estructurada y ritualizada?

Uno de los miembros más veteranos del equipo de mi empresa se convirtió inesperadamente en el cuidador de su madre, cuando a esta le diagnosticaron una extraña enfermedad neurológica. La enfermedad de Pick, como se la conoce, ataca el cerebro y encoge el lóbulo frontal, que controla el lenguaje, el razonamiento, la gestión del riesgo y muchas otras funciones importantes. Cuidar a un paciente de Pick es una carga pesada y es peor aún ver a tu ser querido retroceder a través de cada una de las fases de la vida. En mi empresa estimamos mucho a este miembro del equipo, y fue duro verlo lidiar con los retos que enfrentaba su madre.

Dos años después del diagnóstico, cuando estaba consultando con un cliente de otro estado, recibí la noticia de que su madre había fallecido. Cancelé el resto de mis reuniones con el cliente, reservé un vuelo a Orlando y llamé a mi amigo para darle el pésame. Me agradeció el gesto y me preguntó si podía acompañar a su familia en el funeral. Mientras yo estaba fuera, el director de la oficina comunicó la noticia a todos y compartió la dirección de la iglesia para que pudieran enviar flores, si lo deseaban.

En la misa, me senté en la parte delantera de la gran iglesia católica, junto a mi amigo y su familia. Él iba a pronunciar el panegírico, y el sacerdote lo invitó a dirigirse a los presentes. Cuando subió al púlpito y miró al público, sufrió un acceso de tos y tuvo que tomarse un minuto para serenarse. El sacerdote lo relevó, para así darle tiempo de que se calmara. Entonces mi amigo pronunció un hermoso panegírico, un tierno y desgarrador mensaje de amor a su madre. Empezaba así: «La mayoría de hombres solo conocen a sus madres cuando estas son adultas, pero yo, debido a la enfermedad de Pick, también conocí a la mía como una niña». No había una sola persona que no se haya conmovido. Incluso el sacerdote soltó una lágrima ante tal expresión de amor.

Cuando mi amigo volvió a su lugar, se inclinó hacia mí y me susurró que estaba avergonzado. «¿Por qué?», le dije. «Es el funeral de tu madre, todo el mundo va a entenderte». Sacudió la cabeza enérgicamente y dijo: «No es por eso», mientras pasaba el pulgar por encima del hombro, indicándome que mirara atrás.

Toda la empresa estaba ahí, desde la recepcionista hasta los vicepresidentes. Nadie vivía a menos de tres horas de la iglesia. Sin que yo se los indicara, se las arreglaron para cerrar el negocio y hacer el viaje. Como en nuestra empresa creemos que nadie debería pasar en soledad por una experiencia como el funeral de un padre, habían venido a ofrecer nuestro apoyo.

Así es como la Cultura se manifiesta en las Personas. Estoy

más que dispuesto a demostrar que nuestra Cultura es persistente, duradera e impactante con todo aquel a quien tenemos la bendición de reconocer como a uno más de nosotros.

Sección III

PERSONAS

COMPRENDER A LAS PERSONAS

"Son las buenas personas las que hacen buenos lugares".

—ANNA SEWELL

Entender a las personas es difícil. Somos un revuelto de contradicciones, confusiones e irracionalidades. Estamos programados para preservarnos, lo que puede hacernos parecer egoístas, egocéntricos y codiciosos. Sin embargo, también practicamos la virtud de vivir con los demás para cosechar los beneficios personales y profesionales de formar parte de una comunidad. Solo al interactuar con otras personas podremos desarrollar nuestro potencial. El truco está en reconocer y unirse a las personas adecuadas.

ELEGIR A LAS PERSONAS ADECUADAS

Una de tus tareas como CEO es elegir a las personas adecuadas para propulsar la empresa. Construir un entorno en el que pueda prosperar —tu Cultura— es fundamental. Sin embargo, una cultura sin personas correctamente alineadas y enfocadas, es un oxímoron. La cultura no existe sin las personas, y las personas, a fin de que los resultados se manifiesten, deben estar bien alineadas con la cultura.

Construir una Cultura de personas afines es consustancial a la función del CEO. Es un arte y, al mismo tiempo, una ciencia. Si se contrata a la persona equivocada, la moral se viene abajo y el rendimiento disminuye. Si se contrata al talento adecuado, aumenta el rendimiento y se acelera el crecimiento. Una vez que las personas adecuadas se han incorporado, con el tiempo, crecen, evolucionan, enfrentan nuevos retos y asimilan los aprendizajes del éxito y del fracaso. Este crecimiento, aunque positivo, puede plantear sus propios retos.

Los CEOs saben que encontrar la combinación adecuada de aptitudes, conocimientos, experiencia y compatibilidad cultural puede ser una tarea titánica. Pero ese trabajo corresponde al CEO, y a nadie más. Aunque puedas delegar tareas específicas en el proceso de contratación e involucrar a quienes trabajarán día a día con el nuevo empleado, como CEO debes tomar la decisión final de incorporar a una nueva persona en un ecosistema cultural cuidadosamente construido.

El cofundador y ex CEO de Google, Larry Page, es famoso por aprobar o rechazar cada una de las contrataciones de la empresa: más de 6.500 personas en 2017. Cuando se le preguntó por qué, explicó: «Me ayuda a saber qué es lo que está aconteciendo». Google emplea a más de ochenta y cinco mil personas en seis continentes, y su CEO seguía desempeñando un papel personal en cada contratación.

Richard Fairbank, CEO de Capital One, tiene más de cincuenta mil empleados. Respecto a esos empleados, señaló que «en la mayoría de las empresas, la gente dedica el 2% de su tiempo a contratar y el 75% a gestionar sus errores de contratación». Si la contratación es lo suficientemente importante como para formar parte de la rutina diaria de Richard Fairbank, Larry Page y otros muchos CEOs, ¿no debería formar parte de la tuya?

Piénsalo de esta manera: podríamos reducir una empresa a la fórmula Empresa = Personas x Cultura x Enfoque. Para aumentar el valor de la empresa, debemos incrementar cada una de esas tres partes. Dicho esto, las Personas importan más que cualquier otra variable, y no hay un área donde el impacto de un CEO se sienta de manera más directa y generalizada.

Algunos CEOs podrían quejarse y alegar que la selección de personal requiere demasiado tiempo, el cual podría invertirse en otras actividades. Podrían sugerir que las personas que están más abajo en la organización están mejor preparadas para conocer las aptitudes necesarias para un puesto específico. Si bien no son del todo erróneos, estos sentimientos delatan una falta de matices en la comprensión del rol del CEO. Los responsables de contratación de una empresa tienen motivaciones diferentes a las del CEO. Aunque ambos quieren cubrir puestos con personas que puedan hacer el trabajo, solo el CEO, como administrador de la cultura, puede tomar las decisiones difíciles sobre la contratación de quienes se ajusten mejor a ella.

LAS TRES DIMENSIONES

Un CEO que comprende a las personas —cómo funcionan, qué necesitan para operar y alcanzar sus objetivos— tiene una ventaja competitiva que pocos pueden igualar. En un capítulo anterior, presentamos un modelo mental de las Tres Dimensiones: «Pienso», «Siento», «Soy». Ese modelo resulta igualmente eficaz al emplearlo para entender a los empleados presentes y futuros. Aprovechando este marco, podemos estructurar un eficaz proceso de contratación y gestión, pues está basado en un profundo conocimiento de uno mismo, de la empresa y de las personas que se unirán al equipo.

Dentro de la estructura emocional de cada persona existe un sistema de creencias único y profundamente arraigado. Este sistema de creencias se denomina «autoimagen», una expresión acuñada por el Dr. Maxwell Maltz, en su obra clásica *Psico-Cibernética*. Es capaz de controlar las acciones, sentimientos, comportamientos y habilidades de una persona. Como ya se ha comentado, Ron Willingham ha dedicado su carrera a explorar los alcances de la autoimagen, proponiendo que cada persona se compone de tres dimensiones separadas pero interrelacionadas.

LA DIMENSIÓN «YO PIENSO»

La dimensión intelectual es la parte racional, consciente y cognitiva. Es la parte activa de nosotros que aprende información, recuerda hechos y cifras, y analiza fríamente los datos. Es nuestra parte perceptiva que asimila y asigna significado a los estímulos y la información que recibimos. Nuestra educación formal está dirigida a esta parte intelectual de nosotros, ya que se nos enseña a recordar los nombres de los reyes y las batallas que libraron, el peso atómico del hidrógeno, la fórmula cuadrática o cómo se dice «biblioteca» en otro idioma. Durante décadas, el sistema educativo se centró únicamente en la dimensión «yo pienso» del comportamiento humano, evaluando el probable éxito de un estudiante a través de una puntuación cuantificada conocida como CI, o cociente intelectual.

En el proceso de contratación, es fundamental concentrarse

en las capacidades intelectuales del candidato. Es importante considerar su manera de razonar, sus limitaciones cognitivas, sus conocimientos y la rapidez con la que aprende, para así formarse una opinión completa de alguien que podría unirse a la empresa. No obstante, la mayoría de las empresas solo se enfocan en este aspecto de la persona potencialmente contratada y no profundizan más. Eso es un error. ¿Acaso la persona más inteligente de su empresa es la que tiene más éxito?

Sabemos que somos mucho más que nuestras partes pensantes. No somos robots ni computadoras. Somos criaturas complejas y, sin embargo, muchos procesos de contratación y gestión no van más allá de la dimensión «yo pienso». Solo evalúan las aptitudes y la capacidad de una persona para realizar de forma competente las tareas requeridas para el puesto. Salvo que haya alguna bandera roja en la estabilidad del candidato, se le hace una oferta de trabajo. Hay dimensiones en nosotros que no se ven condicionadas por el conocimiento, la educación, la razón o la lógica funcional, y esas dimensiones son las que justamente afectan el rendimiento de las personas que incorporas a tu empresa. Cualquier sistema que ignore esta verdad está condenado al fracaso.

LA DIMENSIÓN «YO SIENTO»

Es la parte que percibe nuestros sentimientos y produce nuestras emociones. Las emociones alimentan nuestras acciones y animan los comportamientos. En los conflictos entre nuestras dimensiones intelectuales y emocionales, nuestras emociones prevalecen el 85% de las veces. Si limitamos nuestro trabajo como CEOs a evaluar las dimensiones «yo pienso» de nuestras personas, ignoramos la mayor parte de lo que las hace prosperar.

Muchas empresas ignoran intencionalmente la dimensión «yo siento», ya que las emociones no se consideran profesionales (como si la gente pudiera dejar sus emociones en la puerta y presentarse a trabajar solo con sus facultades intelectuales). Si bien es cierto que las emociones pueden ser cambiantes y representan un reto cuando no se controlan, también debemos reconocer que las emociones más intensas, y que aportan a nuestras decisiones cotidianas, nos hacen singularmente humanos. Las emociones en el centro de labores no deben ignorarse. Cuando se las protege y entrena, los empleados las utilizan para aportar creatividad, pasión y compromiso.

En los años sesenta, los científicos sociales empezaron a tomar conciencia del poder de las emociones. En las décadas siguientes, la investigación ha demostrado que nuestras emociones están presentes en cada una de las interacciones humanas. Ante esta evidencia, los departamentos de RR.HH. comenzaron a centrarse en conceptos como «autoestima» y «resiliencia emocional» a la hora de evaluar a posibles candidatos para un puesto vacante.

En 1995, el influyente libro de Daniel Goleman, *La inteligencia emocional*, afirmaba que no es la inteligencia cognitiva, sino la inteligencia mocional la que garantiza el éxito en la vida y en los negocios. Goleman incluso propuso una herramienta para cuantificar la inteligencia emocional de una persona. Al igual que los tests de CI miden la destreza intelectual, ahora podemos medir la inteligencia emocional con una puntuación específica. Aunque ni el CI ni la inteligencia emocional deberían ser los únicos factores a considerar en una nueva contratación, un CEO sabio tiene en cuenta ambos para evaluar la personalidad de un candidato.

LA DIMENSIÓN «YO SOY»

Tan pronto como se popularizó la idea de la inteligencia emocional, los académicos y científicos sociales comenzaron a preguntarse si existía algo más profundo que las emociones, algo que pudiera ser la verdadera fuente de los comportamientos. ¿Provienen las emociones de una fuente específica? Ahora sabemos que sí.

La tercera dimensión del comportamiento humano, la dimensión «Yo Soy», a veces se denomina Inconsciente Creativo.

En esta dimensión albergamos valores, la imagen de nosotros mismos, creencias y el sentido del bien y del mal. Aquí es donde guardamos las cosas que nos hacen únicos. Si cambiaras una de estas cosas, ya no serías la misma persona.

En nuestra dimensión «Yo Soy» está arraigado nuestro sentido del propósito, una destilación de lo que creemos sobre el mundo y cómo encajamos en él. Cuando nuestro propósito está claro, encontramos enormes cantidades de energía mental. Sin embargo, cuando es confuso o nuestras actividades diarias ya no conectan con él, podemos ahogar ese flujo de energía. Cuando eso ocurre, empiezan a aparecer el agotamiento, la depresión y otras muchas taras psicológicas.

Cuando seas capaz de contratar, dirigir y liderar conectando silenciosamente con las dimensiones «Yo Soy» de las personas, transformarás radicalmente tu vida y la de tu equipo. Ya no tendrás que arrastrar a las personas por el camino de la misión, persuadiendo a empleados reacios para que hagan mejor su trabajo, motivándolos para que cumplan tus expectativas, rogándoles que generen resultados. En lugar de eso, estarás rodeado de un equipo que comparte tus valores. Si logras que tu equipo se responsabilice de sus tareas individuales, podrás centrarte en tu trabajo más importante.

¿POR QUÉ NOS IMPORTA?

Más allá de ser interesante a un nivel estrictamente académico, ¿por qué es importante esto para nosotros, como CEOs? Si queremos sacar el máximo partido de nuestra gente —la mayor productividad, los mejores resultados, la mejor calidad—, debemos gestionarla desde una perspectiva integral. Nunca se nos ocurriría contratar a un nuevo empleado y olvidarnos de enseñarle los detalles más importantes de tu producto o servicio. Del mismo modo, nunca deberíamos terminar la orientación de un nuevo empleado y decir algo como: «Sus sentimientos no son importantes y no tienen cabida aquí». Sin embargo, ¿cuántos de nosotros nos hemos comprometido conscientemente a interactuar con nuestra gente en el nivel «Yo Soy»?

Cuando nos acercamos a nuestra gente con la conciencia de que experimenta el mundo de tres maneras diferentes, pero complementarias, desatamos torrentes de energía creativa que elevan el significado de nuestro trabajo. De esta manera, trabajar deja de ser simplemente una obligación y se convierte en una experiencia espiritual. ¿Qué CEO no querría alcanzar ese estado de plenitud para sí mismo y para quienes le rodean?

EL «SIGUIENTE NIVEL»

En algún momento, todos los líderes han expresado su deseo

de «pasar al siguiente nivel». Es decir, elevar la calidad del trabajo, el rendimiento y los resultados de su organización. Fundadores, CEOs, propietarios de empresas de todo tipo: todos desean que sus organizaciones funcionen con menos fricciones y que el esfuerzo invertido se vea recompensado. Dado que las organizaciones no son más que entidades que existen para unificar las acciones de las personas, es lógico que para «subir de nivel» a nuestras organizaciones, primero debemos «subir de nivel» a nuestras personas. Pero, ¿las personas tienen niveles?

ELLIOT JAQUES Y LOS NIVELES DE TRABAJO

El renombrado psicólogo organizacional, Elliot Jaques, se dedicó a demostrar que cada persona tiene una «zona de tiempo» en la que alcanza el mayor rendimiento de trabajo sin supervisión. Las personas tienen «horizontes temporales» y los puestos de trabajo tienen «niveles de trabajo». Coordinar el horizonte temporal de una persona con un puesto, con su correspondiente nivel de trabajo, es, según Jaques, el objetivo final de la gestión.

Jaques fue un psicólogo, profesor y especialista en ética empresarial, nacido en Canadá. Desarrolló el concepto de cultura corporativa, acuñó el término «crisis de la mediana edad» y ayudó a fundar el aclamado Instituto Tavistock de Relaciones

Humanas. Trabajó con las mayores organizaciones del mundo, desde ejércitos nacionales hasta multinacionales. A lo largo de una carrera que abarcó más de seis décadas, trabajó incansablemente para responder a la pregunta: «¿Por qué dos personas, en situación similar, rinden de forma tan distinta en el mismo puesto?». Su respuesta: horizontes temporales y niveles de trabajo.

Jaques consideraba que las organizaciones debían estructurarse jerárquicamente, según los niveles de trabajo. Los miembros del equipo con capacidad de abstracción, de planificar y ejecutar durante un largo periodo de tiempo, sin supervisión directa, deberían ocupar puestos de responsabilidad, respaldados por aquellos con un horizonte temporal más corto. En una época en la que los «organigramas planos», los puestos sin título y las empresas dirigidas por equipos están en boga, la filosofía de Jaques contraviene el saber convencional. Si adaptáramos la filosofía de Jaques a un modelo práctico, podría verse de esta manera:

NIVEL	FUNCIÓN	HORIZONTE	ENFOQUE	HERRAMIENTAS	PENSAMIENTOS	TÍTULO
5	Dirigir la empresa	De dos a diez años	Visión	Escritura	Intuición/ Teoría	CEO
4	Gestionar los sistemas	Trimestral a anual	Misión	Base de datos	Conceptual/ Modelos	VP
3	Gestionar los procesos	Mensual a trimestral	Estrategia	Hoja de cálculo	Ideacional/ Concreto	Director
2	Supervisar el trabajo	Semanal a mensual	Tácticas	Calendario	Imaginal/ Concreto	Supervisor
1	Hacer el trabajo	Diario a semanal	Producto	Herramientas físicas	Perceptivo/ Concreto	Trabajador

De acuerdo con la teoría de Jaques, las organizaciones enfrentan el problema de que muchos de sus empleados están en posiciones que no les corresponden. Según sus estudios, hasta el 65% de las personas ocupan un puesto inadecuado, lo que resulta frustrante tanto para el empleado como para el empleador. Y ese es el comienzo del «agotamiento», otro término acuñado por el mismo Jaques. Para prevenir esto, propone diseñar los trabajos según el nivel de habilidad requerido y asignar a personas cuya capacidad de planificación a largo plazo se ajuste perfectamente al rol. Según Jaques, hacer esto no solo es beneficioso para los negocios, sino que también es una responsabilidad moral. Los CEOs que han sabido entender a Jaques y su filosofía, obtienen una ventaja competitiva frente a aquellos que se limitan a contratar a personas por su personalidad y experiencia, esperando que los resultados sean positivos.

Considera lo siguiente: Michael Jordan es un ícono del baloncesto, pero su carrera como beisbolista fue bastante mediocre. Si evaluáramos su carrera deportiva únicamente por sus habilidades beisbolísticas, sería un deportista para el olvido. Obviamente, esto sería un error, pues incluso quienes no son aficionados al baloncesto reconocen a Jordan como un ícono de este deporte. Es más, hay niños que nunca lo vieron jugar con los Bulls de Chicago, pero igualmente usan su camiseta.

En lo concerniente a tu empresa o a las próximas entrevistas programadas para la semana entrante, es posible que tengas a tu propio Michael Jordan trabajando en tus filas. Quizás esté en un área que no le permite mostrar su verdadero talento. Al no tomar en cuenta los niveles de trabajo, podríamos estar dejando a una estrella potencial en el banquillo, sin siquiera saberlo.

En otras palabras, no le pedirías a tu recepcionista que reemplace a la vicepresidenta de Fabricación, mientras esta se encuentra en su licencia de maternidad de doce semanas. No solo estaría poco preparada para asumir tales responsabilidades, sino que además requeriría una retroalimentación constante, evaluaciones y condicionamientos, lo que a su vez consumiría tiempo valioso de otros empleados sin realmente mejorar sus habilidades. Inevitablemente, acabaría fracasando, y ese fracaso afectaría negativamente en su dimensión «Yo soy». La responsabilidad de esto, según Jaques, caería directamente en el CEO.

Lo opuesto también resulta contraproducente. Supongamos que le asignas a la vicepresidenta de la empresa la tarea de atender los teléfonos y dar la bienvenida a los clientes durante un periodo de doce semanas. Aunque es probable que comprenda la mecánica del puesto, ¿cuánto tiempo transcurriría antes de que encontrara el trabajo monótono y se dedique a modificar innecesariamente aspectos del trabajo, generando problemas y complicaciones adicionales?

Reflexiona en este punto. Si Jaques está en lo correcto y más de la mitad de los miembros de tu equipo están ocupando puestos equivocados, ¿eres consciente de cuánto éxito potencial estás desperdiciando al año? Con solo el 25% de tus Michael Jordan jugando al béisbol, ya sería un serio menoscabo para tu desarrollo individual y el de la empresa. Ya sea como consultor de corporaciones grandes o pequeñas, como del ejército de Estados Unidos y de diversas organizaciones filantrópicas internacionales, las investigaciones de Jaques corroboran esta conclusión: las personas son más felices y productivas en funciones que se ajustan a sus expectativas temporales.

No es exagerado insistir en la importancia de este enfoque. Como CEOs comprometidos con el bienestar de nuestro personal y con alcanzar los objetivos corporativos, este enfoque es uno de los más importantes que podemos utilizar.

Cuando colocamos a una persona en una función equivocada, ya sea en un rol más complejo o menos desafiante de lo que requiere, estaremos implantando las primeras semillas del descontento y el conflicto, perjudicando así a nuestro personal. Si estos errores son frecuentes, el impacto será aún más grave: la moral tanto de la empresa como de la cultura organizacional se deteriorará. Aplicar este enfoque beneficiará no solo a la Cultura y a las Personas, sino también, en última instancia, a los Números que ambos producen.

APLICACIÓN DEL MODELO

Conforme más profundices en el enfoque de Jaques, más pronto comenzarás a clasificar a los miembros de tu equipo según los estratos identificados. Esto es natural y necesario. Sin embargo, conocer los niveles en los que se desempeñan los miembros de tu equipo no es más que una parte del trabajo. Lo siguiente es asignarlos a su posición adecuada, incluso si para eso debes hacer cambios radicales.

Alinear correctamente las perspectivas temporales y el nivel de capacitación, será un gran acierto a nivel de liderazgo. Este proceso requiere llevar a cabo dos tareas fundamentales: una clasificación de puestos y un inventario de personas. Para efectuar la clasificación de los puestos, analízalos detenidamente en el organigrama. Plantéate la siguiente pregunta: «¿Cuál es el periodo ideal durante el cual una persona en este puesto debería ser capaz de trabajar de manera autónoma, sin necesidad de supervisión, para alcanzar los resultados óptimos?». Podrías estructurar la respuesta dentro de un periodo temporal, como: «semanal a mensual», «mensual a trimestral» o «anual».

Completa tu inventario de personas examinando a cada miembro de la organización, con especial atención en sus perspectivas temporales individuales. Reflexiona en lo siguiente: «¿Cuánto tiempo es capaz de trabajar esta persona sin supervisión y seguir generando resultados óptimos?». Las respuestas deben clasificarse dentro de un rango estrecho, como: «De trimestral a anual» o «De mensual a trimestral».

Completados ambos ejercicios, procede a contrastar los resultados. ¿Qué conclusiones saltan a la vista? ¿En tu organización hay personas inadecuadas para el puesto que ocupan?

NIVELES DE REESTRUCTURACIÓN Y HORIZONTES TEMPORALES

Varios años atrás, durante un momento crítico de la organización, tuvimos que tomar una decisión atrevida. A medida que nuestras ventas aumentaban, se volvía cada vez más complicado para un solo vendedor atraer nuevos clientes y satisfacer sus necesidades durante todo el tiempo que estuvieran con nosotros. Necesitábamos especializar nuestras funciones y crear un equipo dedicado a la satisfacción de los clientes.

Se trataba de un reto. Tradicionalmente, creíamos que era un privilegio para nuestros vendedores encargarse directamente de los clientes que captaban, y pensábamos que alejarlos de esta función contradecía nuestra política de poner al cliente «en primer lugar». Además, para agravar el problema, no teníamos a nadie con experiencia específica en la creación y funcionamiento de una cartera de clientes satisfechos. Hasta ese momento, nuestra estrategia había sido mantener a los clientes felices a cualquier costo, lo cual no solo era desorganizado, sino también poco rentable.

A principios de año, incorporamos a un nuevo miembro, Robert, como parte del equipo de ventas. Su desempeño no estuvo mal, pero no llegó a impresionar a nadie. Su trabajo era de nivel uno: vender y atender a los clientes. Al final del año, tuvimos una conversación en la que Robert expresó su frustración y me informó que planeaba dejar la organización al terminar el año. Durante nuestras charlas, presté especial atención al lenguaje que usaba para describir su trabajo y me di cuenta de que, aunque sus tareas eran básicas, él pensaba y actuaba en un nivel tres. Le había ofrecido el puesto equivocado.

En las semanas siguientes, compartí con él mi visión de renovar al equipo de ventas y servicios. Lo invité a ser miembro fundador y líder de este nuevo equipo al que llamamos «Cliente satisfecho», ofreciéndole el cargo de Director, un puesto de nivel tres. Revisamos y rediseñamos su plan de compensación para que se ajustara a las exigencias de su nueva posición. Su desempeño en este rol ha tenido un impacto significativo en mi vida, en la organización y en nuestro equipo de ventas. Gracias a su contribución, hemos podido atraer y retener clientes de manera más efectiva y satisfacer sus necesidades a largo plazo. Si no hubiera adoptado el modelo Jaques, habríamos perdido una valiosa oportunidad, y él podría haber dejado su puesto sintiéndose infravalorado.

Como puedes ver, aplicar la filosofía de Jaques a nivel organizativo puede impactar significativamente en el éxito de una empresa. Sin embargo, para lograr ese éxito, es crucial tratar a las personas como individuos, aplicando conceptos de niveles y horizontes temporales a cada uno. Al entender las tres ideas discutidas en este capítulo —las Tres Dimensiones, los niveles de trabajo y los horizontes temporales—, transformarás tu enfoque hacia la contratación, el personal y la gestión, extrayendo lo mejor de tu equipo. Aquí es donde tu capacidad de comprender a las personas se convierte en tu aliado para el éxito. Al reconocer que cada persona opera dentro de las dimensiones de «Yo Pienso», «Yo Siento» y «Yo Soy», y al combinar esto con un entendimiento de sus habilidades individuales, desbloqueas una metodología de contratación y gestión extremadamente efectiva. Mientras que otros CEOs se dedican a hacer conjeturas sobre lo que podría requerir su equipo, o peor aún, se limitan a gestionar al personal con un enfoque estándar, tú cuentas con un marco probado para atraer y liderar de manera efectiva.

LA MENTALIDAD DE ADQUISICIÓN DE TALENTO

«Estoy convencido de que nada de lo que hacemos es más importante que contratar y desarrollar a las personas. Al final del día, se apuesta por las personas, no por las estrategias».

—LAWRENCE BOSSIDY, GENERAL ELECTRIC

Los CEOs más destacados saben que, para asegurar el éxito de la empresa, es más que fundamental contratar al mejor personal. Pero ¿qué tan relevante es esto realmente? El Informe de Benchmarking sobre CEOs del 2019 reveló que reclutar el talento más idóneo es una prioridad clave para muchos ejecutivos, con cerca del setenta por ciento buscando mejorar sus estrategias de gestión de talento. Los retos más comunes incluyen mantener a los empleados comprometidos, maximizar su rendimiento y fomentar un ambiente laboral positivo.

¿Por qué es tan importante el talento? De acuerdo con un estudio de *Harvard Business Review*, los trabajadores de alto rendimiento pueden llegar a ser hasta un cuatrocientos por ciento más productivos que los de rendimiento medio, y esta diferencia es aún mayor en trabajos de alta complejidad. Por ejemplo, en campos como el desarrollo de software, las personas con un alto rendimiento pueden ser hasta ocho veces más eficientes.[5] El experto en gestión, Jim Collins, lo explica de manera clara: «El mayor desafío para el éxito de mi organización es la capacidad de conseguir y mantener suficientes personas competentes».

Si bien el talento es clave en una organización, a menudo carecemos de las herramientas y los procesos adecuados para comprender a las personas que queremos contratar y los roles que terminarán desempeñando. Sin embargo, con el marco que definimos en las Tres Dimensiones, que incluye los niveles de trabajo y los plazos de tiempo, seremos capaces de desarrollar un proceso de contratación exitoso.

A partir de esta estrategia, serás capaz de colocar a personas en puestos donde prosperarán personal y profesionalmente. Este es el «ajuste» que los CEOs buscan con frecuencia, pero que rara vez logran describir o alcanzar de manera consistente. Contratando a las personas adecuadas para los puestos

---

5   Karie Willyerd, "What High Performers Want at Work", *Harvard Business Review*, 18 de noviembre de 2014, https://hbr.org/2014/11/what-high-performers-want-at-work.

adecuados, no solo aumentamos el rendimiento y mejoramos el ambiente laboral, sino que también reducimos la rotación de empleados. Es posible que esta idea te suene familiar, pero el método que vamos a detallar ha sido aplicado en la práctica y está basado en lo que impulsa a las personas en sus dimensiones «Yo soy».

Los CEOs no solo contratan personas para llenar vacantes; buscan talento para impulsar el crecimiento de la empresa. Comprenden que cuanto mayor es el control ejercido por un ejecutivo, menos eficiente tiende a ser el equipo. Un exceso de control puede asfixiar la creatividad, mientras que alentarla puede llevar al crecimiento y mejorar el rendimiento.

Si el fin es alcanzar el éxito, es necesario cambiar nuestra mentalidad de simplemente cubrir puestos de trabajo hacia una que ha prevalecido durante mucho tiempo en la industria del entretenimiento: la gestión del talento. Cada año se producen decenas de películas, espectáculos de Broadway, libros, programas de televisión y otras producciones audiovisuales en todo el mundo. Lo que realmente garantiza que algunas de estas obras sean memorables —y, por ende, rentables— es el talento involucrado.

Según el diccionario Webster's, el talento se define como nuestros «dones naturales, que se manifiestan como una vocación innata o aptitud para una habilidad o tarea determinada». El talento es algo innato, aquello en lo que somos naturalmente buenos, y puede desarrollarse mediante la repetición constante y la expansión de nuestras facultades creativas.

Los CEOs más exitosos ven a sus empleados como individuos únicos, dotados de talentos que impulsan resultados empresariales. Saber adquirir talento es un arte que, sin embargo, puede enseñarse. Aunque esto produce un cambio profundo en la forma en que las organizaciones seleccionan a sus miembros, su impacto es acumulativo: el talento atrae más talento.

GESTIÓN DEL TALENTO

Los riesgos asociados con la producción de películas en Hollywood han crecido enormemente en las últimas dos décadas. Para asegurar las ganancias, los estudios de cine buscan algo seguro: una historia reciclada con una estrella taquillera. A veces, esta estrategia es efectiva, pero en muchas ocasiones no lo es. Basta pensar en todas esas películas en las que el elenco no parecía el más adecuado, no por falta de talento de la estrella, sino porque no encajaba con el personaje o la trama de la película.

En Hollywood, seleccionar el talento adecuado es fundamental, por lo que esta elección debe ir más allá de la reputación o las preferencias personales de un director. El actor elegido para el papel debe dar vida al guion como nadie más podría haberlo hecho. Si la estrella no encaja, poco se puede hacer para salvar la película. Lo mismo aplica a las decisiones que tomes como CEO: puedes tener el guión perfecto, el escenario perfecto, mucho dinero y un director dinámico, pero si no cuentas con el talento adecuado, estarás destinado al fracaso. Esa es la razón por la que mirar más allá del currículum y la reputación es esencial. Así como los actores elegidos por un productor pueden hacer triunfar o fracasar una película, el personal que contrates influirá de manera significativa en el éxito de tu empresa.

ADQUISICIÓN DE TALENTO

No es difícil encontrar candidatos para cubrir puestos. Un reciente estudio de Indeed.com reveló que un puesto promedio recibe más de cuarenta y cuatro aspirantes. Si consultaras a tu departamento de RR.HH. cuántas solicitudes se reciben para un puesto promedio, descubrirías que se procesan cientos de currículums para cada vacante. Encontrar a la persona adecuada, «al talento» que encaje en la cultura y mejore las capacidades de la empresa, es el verdadero reto. Para conseguirlo, los CEOs deben evitar las ideas tradicionales de «contratación» y aplicar estrategias enfocadas en la «adquisición de talento».

En Hollywood, ningún director de casting pondría un anuncio clasificado solicitando un protagonista para una película taquillera. En cambio, establece conexiones con personas que conocen el estilo, los hábitos de trabajo y las habilidades de los actores potenciales, y así agenda audiciones específicas. No busca a un intérprete que simplemente cumpla, sino a uno que se apropie del papel de manera única. ¿Por qué un CEO tendría que comportarse de otra manera?

Es posible que objetes que es difícil aplicar este nivel de detalle en la contratación, dado el volumen de puestos por cubrir. Sin embargo, incluso en un entorno de alta rotación, compañías del tamaño de Google siguen involucrando a sus principales líderes en el proceso de adquisición de talento.

Adquirir talento se vuelve más manejable cuando un CEO se concentra en las tres áreas clave de su rol y emplea un proceso estructurado. Para conseguir resultados extraordinarios, hay que aplicar estrategias innovadoras.

EL PROBLEMA DE LA PERSONALIDAD

Existe un aspecto poco conocido y bochornoso en los procesos de selección de muchas empresas: tienden a centrarse demasiado en la personalidad del candidato. Si es que acaso existe un proceso, este está diseñado para que el puesto lo ocupe el candidato más simpático y sociable, y no la persona más idónea para el cargo. Sin darse cuenta, los encargados descuidan indicadores objetivos del rendimiento futuro y se inclinan por candidatos con personalidades que les resultan simpáticas o similares a las suyas.

Parte importante de nuestro «Yo soy» es la personalidad, pero esta no determina el éxito laboral por sí sola. Incluso los trabajos donde se requiere un alto nivel de inteligencia emocional pueden ser desempeñados por personas con diferentes personalidades. Si la respuesta radicara solo en la personalidad, los tests que se han utilizado durante años deberían haber eliminado los problemas de reclutamiento y permanencia, pero la realidad muestra que no es así.

Y esa es la razón por la que un CEO realmente comprometido con la adquisición de talento no considera la personalidad como un factor determinante. En su lugar, adopta una mentalidad y procesos que evalúan a los candidatos basándose en lo que denominamos las 4C: **Cultura, Capacidades, Compensación y Compromiso.** Estas 4C representan las cuatro etapas del proceso de una entrevista y conforman un planteamiento mucho más riguroso que cualquier otro utilizado previamente. No buscamos solamente a alguien que ocupe un puesto, sino a una persona que lo haga suyo: alguien que brille por su talento excepcional.

LA MENTALIDAD DEL TALENTO

El objetivo primordial de toda empresa es retener a sus clientes. De acuerdo con un estudio de Bain & Compan, cuando se incrementa la retención de clientes en un 5%, los beneficios pueden subir hasta en un 95%.[6] Del mismo modo, conservar a los empleados existentes resulta más económico que contratar nuevos, puesto que, según explica el Center for American Progress, reemplazar a un empleado puede costar alrededor del 21% de su salario anual.[7] En otras palabras, cinco malas contrataciones equivalen a un año entero de productividad perdida. Por eso, el momento indicado para centrarse en retener a tus talentos es cuando los contratas; no después de que ya lleven un tiempo en la empresa.

Adaptar el modelo de las 4C a la adquisición de talentos puede ser altamente efectivo, pero requiere una cuidadosa evaluación antes de su implementación. Para alcanzar los resultados esperados, este proceso requiere, como todo aquello que vale la pena en este mundo, una preparación previa.

En primer lugar, los empresarios suelen comenzar a contratar a destiempo, lo que conduce a decisiones apresuradas bajo

---

6   "Retener a los clientes es el verdadero reto", Bain & Company, 20 de enero de 2006, https:// www.bain.com/insights/retaining-customers-is-the-real-challenge/.

7   Heather Boushey, Sarah Jane Glynn, "There Are Significant Business Costs to Replacing Employees", Center for American Progress, 16 de noviembre de 2012, https://www.americanprogress.org/issues/economy/reports/2012/11/16/44464/thereare-significant-business-costs-to-replacement-employees/.

presión. Siempre que esté bajo nuestro control, lo indicado es empezar a contratar en cuanto se reconozca la necesidad de hacerlo, o incluso antes de que un empleado notifique su partida. Esto implica tener listos los anuncios de empleo y las herramientas de reclutamiento en la plataforma de contratación.

En segundo lugar, se trata de un proceso muy diferente al que se practica normalmente en las organizaciones. Sorprendentemente, un gran número de empresas solo entrevista a los candidatos una vez antes de publicar la oferta laboral. Conforme al proceso de las 4C, al menos debería haber cuatro entrevistas con los candidatos. Al conocer esto, reducirás el número de personas a entrevistar y podrás dedicar más tiempo a visualizarlas como posibles miembros de tu equipo.

Los entrevistadores disfrutan estando al mando; pero en este método, es el candidato quien se queda a cargo. Al final de cada entrevista, le asignamos tareas específicas y le pedimos que solo se ponga en contacto con nosotros si realmente se siente atraído por la empresa y el puesto. Así, desde esa primera entrevista, le enseñamos al candidato lo importante que es la responsabilidad para nosotros. Quienes postulan a un trabajo y no demuestran la suficiente persistencia para conseguirlo, no están verdaderamente comprometidos con él.

Por último, es un proceso completamente transparente. Le explicamos al candidato por qué es diferente y qué esperamos ganar utilizándolo, tratándolo como a un adulto inteligente, sin ocultarle nada. Algunos entrevistadores sienten un placer perverso manteniendo al candidato en una completa incertidumbre, luchando por alcanzar algo que quizás nunca obtendrá. Este no es el trato que desearías recibir, ni es la forma en que deberías tratar a nadie. En nuestro proceso, exponemos detalladamente los pasos que vamos a dar, el porqué de cada uno y el plazo previsto. A los candidatos que no se identifican con nuestra cultura ni nuestra misión y renuncian, les deseamos lo mejor y pasamos a otros que puedan aportar más. Por supuesto, hay candidatos que entienden el proceso tal como es: un método seguro tanto para ellos como para la empresa, destinado a investigar aspectos cruciales de la persona antes de tomar una decisión importante.

A nivel empresarial, implementar las 4C es una forma de compromiso. Debe ser considerado un trabajo fundamental para los miembros de la organización. Conforme el CEO involucre más a su personal en la tarea de reclutar y seleccionar, mayor será su compromiso con el proceso y los resultados obtenidos. Cuando el mismo personal participa en la selección e incorporación de nuevos compañeros de equipo, se siente obligado psicológicamente a garantizar su éxito. A medida que hagas del éxito una responsabilidad compartida, mejores serán los resultados en términos de contratación y permanencia del personal.

EL PROCESO DE ADQUISICIÓN DE TALENTOS

"Contrata carácter. Entrena habilidad".

—PETER SCHUTZ

«Nunca me he sentido más orgullosa de no recibir una oferta de trabajo», decía la tarjeta de agradecimiento de una candidata que habíamos entrevistado para un puesto en nuestra empresa. Aunque tenía muchas cualidades y la consideramos una persona estupenda, nos dimos cuenta de que nuestros valores y cultura no encajaban con ella. Se lo comunicamos después de la cuarta entrevista, y yo le pregunté si me permitiría compartir su currículum con otras empresas que estuvieran contratando en ese momento. Aceptó y, en tan solo dos semanas, consiguió un nuevo empleo. «Fue la primera vez que, dentro del ámbito laboral, me sentí escuchada como persona y no solo como empleada», terminaba la nota. Ya pueden imaginar lo orgulloso que me sentí al comprobar cómo nuestro proceso de selección se reflejaba en nuestros valores. ¿Recibiste alguna vez una nota de agradecimiento de alguien a quien no contrataste?

LAS 4C

¿Cuál fue el origen de esta nota? De acuerdo con lo dicho anteriormente, las 4C son **Cultura, Capacidades, Compensación** y **Compromiso**. Si un candidato no encaja en las cuatro categorías, no encaja en la empresa. Cada categoría tiene su propia entrevista programada, en la que participan tanto el CEO como los otros miembros del equipo. Antes de finalizar

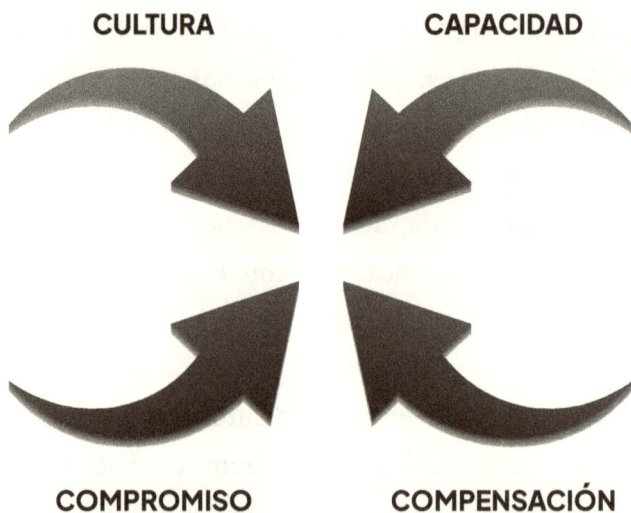

CULTURA · CAPACIDAD · COMPROMISO · COMPENSACIÓN

cada entrevista, decidimos si le ofreceremos al candidato la oportunidad de continuar con el proceso. Si lo hacemos, le asignamos tareas y un calendario. Si no, le decimos muy claramente que no avanzaremos y le explicamos por qué. Aunque resulte difícil, algunos candidatos me han dicho lo mucho que aprecian la franqueza.

LAS ENTREVISTAS

Para una efectiva captación de talentos, se requiere de un proceso estructurado, coherente y repetitivo. Así mismo, debe respetar el tiempo de los involucrados y ser fácilmente medible. Siga el siguiente esquema para las entrevistas.

CULTURA

La cultura es un pilar en la captación de talento. ¿De qué le sirve a un CEO seleccionar a la persona más capacitada si esta no encaja en la cultura? Un desbalance en la cultura, en lugar de beneficiar a la organización, puede ser perjudicial, ya que va en contra de sus valores. Evaluar a los candidatos en función de su perfil cultural significa que esa primera entrevista se trata únicamente de la cultura, y nada más. En esta entrevista, tu tarea es hacer que el candidato comprenda a fondo tu cultura organizacional, y así pueda juzgar por sí mismo si le es atractiva o no. Para algunos CEOs, esto puede parecer contradictorio o erróneo, pero es clave para transmitir al candidato la importancia que la cultura tiene en la organización.

Presenta tu cultura

¿Cuál es la forma más idónea de presentar y describir tu cultura empresarial? La mayoría de CEOs, cuyas culturas han sido previamente articuladas, tienden a recitar sus declaraciones de valores y misiones. Es fácil caer en eso, especialmente cuando se ha invertido mucho tiempo y esfuerzo en desarrollar una cultura empresarial. Este entusiasmo puede ser muy inspirador y contagioso durante las conversaciones, aunque su impacto suele ser efímero. Deja al candidato con la certeza de que la cultura es importante en tu empresa, pero no necesariamente le explica por qué debería ser igualmente importante para él. Necesitamos un enfoque diferente.

Nos enseña la antigua retórica que una de las técnicas de argumentación más efectivas es la antítesis. Consiste en exponer el contraste que hay entre dos opciones deseables. Es decir, en lugar de solo argumentar por qué un candidato debería integrarse a la cultura de la empresa y aceptar una oferta laboral, explicamos por qué el puesto no es para cualquiera, sino únicamente para el indicado. Podemos decir lo siguiente: «Hay cuatro razones por las que no quieres trabajar aquí», y luego contextualizamos esas razones dentro del marco de la cultura empresarial. Aunque pueda parecer un truco, no lo es: para seleccionar a aquellos que sí encajan, lo mejor es mostrarles a aquellos que no encajan por qué no lo hacen. Los valores que has estructurado deben reflejarse en estas razones: «La nuestra es una cultura basada en la integridad, y aquellos que no estén preparados para ser evaluados de manera clara y directa, descubrirán un ambiente en el que les será difícil trabajar».

Contar la historia

No basta con adoptar una actitud lógica. La gente pone más atención a las historias. Respecto al poder que tienen las narraciones, la escritora Erin Morgenstern dice lo siguiente: «Puedes contar un cuento que se arraigue en el alma de alguien, que se convierta en parte de su sangre, de su ser y de su propósito. Esta historia los motivará y moverá, y quién sabe qué harán gracias a ella, gracias a tus palabras. Y ese es tu don». Una de las herramientas más poderosas que tienen los CEOs es contar historias. Estas tienen el poder de clarificar y vivificar los valores, la cultura y el propósito de forma instantánea para quienes nos escuchan.

Al buscar talentos, debemos ofrecer una historia y un contexto claros que ayuden a los candidatos a entender las preguntas que se les plantean. O se identifica con la historia o no lo hace. Si no lo hace, el candidato no se alinea a la cultura de la empresa. En cambio, si lo hace, avanzamos a otros niveles de la entrevista y repetimos el proceso.

Si uno de los valores más apreciados de tu organización es la lealtad, contar una historia real sobre alguien de la empresa que demostró lealtad es mucho más efectivo que simplemente leer tu código de valores. Esto permite que el candidato se pregunte a sí mismo: «¿Habría hecho lo mismo, o habría actuado de otra manera?». De esa manera, antes de decidirse a unirse definitivamente, tiene la oportunidad de probar si la cultura de la empresa coincide con sus propios valores. Ten una historia que aborde los argumentos por los cuales un candidato dudaría en trabajar en tu empresa. Luego, asegúrate de que a cada historia le sigan preguntas que continúen evaluando al candidato.

Por ejemplo, en mis «entrevistas culturales», suelo compartir la siguiente historia:

> Hace un par de años, implementé un programa de bonificaciones por ventas que permitía a los empleados ganar puntos durante la semana y canjearlos por una bonificación a final de año. Al principio, todos estaban entusiasmados, pero a lo largo del año, la mayoría no alcanzó sus objetivos de ventas. En una reunión de enero con todos los empleados, surgió la pregunta: «¿Dónde están nuestras bonificaciones?».

Sorprendido, les respondí: «Si no alcanzaron sus objetivos, no puede haber dinero para bonificaciones». Hubo un gran alboroto, debido a que no habíamos sido claros en especificar que las bonificaciones estaban vinculadas a los objetivos. No llegamos a un acuerdo general sobre qué hacer al respecto. Tras reflexionar un día, reconocí que uno de los principios de la empresa era «Hablar con claridad». Tenía la responsabilidad de afrontar las consecuencias de mis propias palabras. Aunque el año había sido malo en ventas y nuestro flujo de caja era limitado, decidí que debía cumplir mi palabra con el equipo.

Volví con el grupo y les dije: «No creo que merezcan esas bonificaciones. Pero si permito que esta confusión vaya en contra de uno de los valores que considero fundamentales en esta empresa, sería una persona que está yendo en contra de sus propios principios».

Así que emití los cheques.

Sorprendentemente, el setenta por ciento del personal firmó sus cheques y los devolvió, reconociendo que no se habían ganado esas bonificaciones. Mis acciones les hicieron reconsiderar las suyas. Al final, ese treinta por ciento que conservó sus cheques fue exclusivamente el mismo que alcanzó sus objetivos.

Y tú, ¿hubieras firmado y devuelto el cheque?

PRESENTAR UNA MOCIÓN

Durante los procedimientos parlamentarios, cuando un miembro del órgano considera que todos los puntos importantes se han debatido, puede someter el asunto a consideración. En ese caso, el miembro solicita a la presidencia «una moción» para que la resolución pase por una votación final. Este es el momento en que las convicciones deben prevalecer. No hay más espacio para dudas ni posiciones ambiguas. La claridad impone y exige un «sí» o un «no».

Esta misma claridad es necesaria durante el proceso de captación de talentos, tanto para ti como para el candidato. «¿Vamos a continuar en nuestro proceso, o ha llegado el momento de terminarlo?». Plantear esta pregunta y ofrecer un contexto a las respuestas de «sí» y «no» hará más eficiente su proceso de contratación. Cuanto más rápido llegues a un «no» con los candidatos que no encajan, más tiempo tendrás para concentrarte en encontrar a quienes sí se ajustan a la cultura empresarial.

Las preguntas reflexivas merecen una consideración aparte. Suelo decirles a mis candidatos que no estoy tan interesado en sus respuestas, pues estas son más importantes para ellos que para mí. Si las respuestas coinciden con mi cultura, tendrán la opción de volver para la siguiente entrevista. Si no lo hacen, les deseo lo mejor, paso al siguiente candidato y, a menudo, reenvío su currículum a otras empresas. En esta etapa, el solo concentrarte en la cultura te ayudará a identificar a las personas que no encajan. Lo normal es que los mejores candidatos se tomen un plazo de cuarenta y ocho horas para responder. Si tardan una semana o más, esto puede ser una señal de indecisión, incluso si sus respuestas finales coinciden con tus valores.

En esta etapa de la entrevista, eres quien más toma la palabra: alrededor del 80% del tiempo los dedicarás a contarle historias y darle tareas al candidato. Es probable que, al darse cuenta de que no encajan en la cultura que promueves, pierdas hasta un 25% de los candidatos de tu lista. Y esto es beneficioso para el éxito a largo plazo de la empresa, pues serán bienvenidos en nuestra cultura solo aquellos que valoren lo mismo que nosotros valoramos. La primera oportunidad para abordar este asunto radica en las entrevistas.

CAPACIDADES

Durante la evaluación de Capacidades, una de las primeras tareas es brindar al candidato un entendimiento detallado del puesto disponible. Describe minuciosamente la rutina del trabajo, cómo es un día, una semana y un mes ocupando el puesto. Sé honesto y franco al responder las preguntas que te hagan al respecto. Involucra a otras personas en el proceso. En mi caso, siempre reservo tiempo para que el candidato pase un rato tanto con un empleado reciente como con un miembro experimentado del equipo. Suelto preguntas como: «¿qué te sorprendió desde que empezaste a trabajar aquí?» o «¿qué te habría gustado saber antes de aceptar el trabajo?». Si el candidato se muestra interesado en continuar tras estas reuniones, procedemos a examinar si se ajusta al puesto.

Para la entrevista cultural, recopila historias que ilustren cómo se viven los valores de tu empresa en el día a día. Como evaluamos candidatos para ver si pueden cumplir con las exigencias del puesto, buscamos algo más que elementos objetivos. En esta entrevista, le preguntamos al candidato si entiende los requerimientos del puesto y si será capaz de cumplirlos. Hay dos métodos de evaluación para comprobar la compatibilidad al puesto:

1. La evaluación explícita de habilidades técnicas: En las que se utiliza una herramienta objetiva de evaluación. Y
2. Las preguntas conductuales: Que evalúan cómo reaccionaría el candidato en diversas situaciones.

Me sorprende que muchos CEOs dediquen tan poco tiempo a evaluar las habilidades concretas durante las entrevistas. Confían en que el candidato dice la verdad sobre sus habilidades, cuando estas se pueden medir fácilmente. Dependiendo de la habilidad que se requiera evaluar, la prueba puede realizarse en persona o mediante una prueba escrita o electrónica fuera de la oficina. Incluso si el candidato ha obtenido una baja puntuación y no es ideal para el puesto, recomiendo revisar sus resultados personalmente y ayudarle a entender por qué no ha aprobado. Aunque no se una al equipo, tratar al candidato con respeto y mostrarle que no ha sido rechazado arbitrariamente, puede beneficiar tu reputación a largo plazo. Podrías, así mismo, descubrir que este candidato es más compatible con otro puesto.

Hay que resaltar que solo nos estamos refiriendo a evaluaciones objetivas. Muchas organizaciones recurren a tests de personalidad para evaluar a los candidatos, gastando millones de dólares cada año en este tipo de pruebas en todo el mundo. Aunque en su momento se presentaron como la solución definitiva a los problemas de contratación, después de dos décadas de uso en diversos sectores, esos problemas persisten. ¿Por qué sucede esto? Porque cualquier tipo de personalidad puede, dependiendo de las circunstancias, desempeñar un trabajo determinado. La personalidad tiene muy poco que ver con la compatibilidad laboral.

Una vez concretada la evaluación objetiva, se recomienda indagar en cuestiones de comportamiento. Pide a los candidatos que compartan ejemplos concretos de cómo se comportaron en diferentes circunstancias: «¿Puede contarme cómo resolvió una situación difícil con un cliente descontento?» o «Cuénteme sobre un momento en el que tomó una decisión que al final resultó equivocada». Para obtener una visión completa de cómo piensa y actúa el candidato, lo ideal es tener preparadas entre tres y cinco preguntas de este tipo.

Si la evaluación y las respuestas a nuestras preguntas son satisfactorias, y el candidato sigue interesado en saber más sobre el puesto vacante, entonces le pedimos tres referencias. Revisamos la lista con él y, ante cada referencia, le preguntamos: «¿Qué diría esta persona de ti?» o «¿Qué anécdota puedo pedirle a esta persona que me revele quién eres en el trabajo?».

A continuación, nos ponemos en contacto con esas referencias. Es asombrosa la escasa cantidad de empleadores que efectivamente llaman a las referencias de los candidatos. En estas conversaciones siempre he descubierto cosas útiles sobre los candidatos, que luego me han servido en el proceso de contratación.

Al concluir las evaluaciones de capacidades, ya deberías tener lo siguiente:

- Un entendimiento de la capacidad del candidato para cumplir con los requisitos de rendimiento.
- Una evaluación del nivel de trabajo y del horizonte temporal del candidato.

- Una noción de si ambos aspectos son apropiados para el puesto: ¿existe aquí compatibilidad laboral?

Al igual que en la entrevista cultural, le damos a nuestro candidato un plazo de cuarenta y ocho horas para reflexionar sobre lo que ha aprendido del puesto. Si nos parece adecuado y está interesado en continuar, le pedimos que se ponga en contacto con nosotros para programar la siguiente entrevista. Aproximadamente un 25 % de candidatos no dará este siguiente paso, y eso es un buen síntoma: indica que vieron algo en el puesto que no les gustó. Es mucho mejor descubrir esto al principio del proceso, antes de traer a colación el tema de la compensación.

COMPENSACIÓN

¿Hay algo más intimidante que hablar con franqueza de la compensación? Se nos ha advertido, desde que empezamos en el mundo laboral, que no debemos hablar de este tema. Y cuando el tema sale a flote, generalmente viene acompañado de una carga de dramatismo. Eso es lamentable, puesto que la compensación desempeña un rol protagónico en la toma de decisiones de cualquier candidato.

La compensación es, en efecto, un tema incómodo. Y gran parte de esta incomodidad proviene del hecho de que muchos CEOs carecen de una técnica eficiente para abordarla. Tradicionalmente, las tasas de retribución se fijan según las nociones que el empleador tenga de las tendencias del mercado. Esto significa pagar lo que pagan los demás, sin importar si hay o no un valor que generar en el puesto.

Esto contradice lo que hemos aprendido sobre los niveles de trabajo. La compensación de una persona debería basarse en el valor que aporta a la empresa, así de simple. A su manera, todos los puestos son valiosos, pero uno que consume más recursos debería generar un mayor valor para la empresa.

Tan esencial es esta filosofía para el negocio que la compartimos durante el proceso de entrevistas. Durante la conversación sobre la compensación, les explicamos a los candidatos cómo computamos el valor monetario del puesto. Así, desde el principio, dejamos claro que la retribución está directamente relacionada con el nivel de responsabilidad del cargo. Para el candidato adecuado, resulta esclarecedor saber que una parte del valor que genera para la organización debe ser suya. No buscamos colaboradores que esperan que un huerto produzca frutos mediante el trabajo de otros. Por el contrario, animamos a los candidatos a encontrar formas de enriquecer el huerto, plantar más árboles y a asumir un verdadero sentido de propiedad sobre su trabajo.

Después de que le has explicado al candidato todo esto, dile lo siguiente: «Hemos invertido mucho tiempo en entrevistarte para este puesto. Si aún consideras que tus capacidades van con el puesto, nos interesa que vuelvas y nos digas qué compensación consideras justa.»

Correcto: le estás pidiendo al empleado que determine, en función de la conversación que han tenido, su propio valor. Esto requiere agallas por tu parte, ya que estás renunciando al control y cambiando tu postura de «aquí tienes mi oferta, tómala o déjala» a «¿cuánto crees que vales para mi organización?». Se trata de un ejercicio psicológico tremendamente revelador, en vista de que el candidato debe reflexionar y decidir qué aspectos son realmente importantes en su paquete remunerativo.

Dale cuarenta y ocho horas al candidato para preparar su propuesta. Recuérdale que incluya los cinco componentes clave de la compensación: salario (ya sea un sueldo fijo o por hora), tiempo de vacaciones, bonos (solo anuales o trimestrales, y vinculados únicamente a los objetivos cumplidos y no disponibles para todos), educación y formación (destinados a su desarrollo y mejora en el trabajo) y consideraciones específicas (trabajo remoto, flexibilidad de horarios, despidos anticipados o cualquier otro aspecto que deba tener en cuenta antes de aceptar el puesto). Motívalo a que te presente un plan que contemple cada uno de estos elementos y que esté formulado de una manera que lo aceptes sin más negociaciones.

Quedarás gratamente sorprendido con los resultados. Cuando damos a nuestro equipo la libertad de asignar un valor monetario basado en sus propios criterios, edifican un puesto que los recompensa por lo que pretenden hacer bien. El proceso también elimina cualquier malestar por sentirse injustamente compensado porque toda la responsabilidad de la oferta recae en el candidato. Desde que implementé esta metodología, me ha sorprendido ver cómo los candidatos, con frecuencia, piden menos salario y más beneficios adicionales, valorando estas consideraciones especiales más de lo que yo habría imaginado. En otras palabras, termino pagando menos por un miembro del equipo que está más comprometido.

Cuando el candidato regrese con una propuesta, revísala y toma la decisión que mejor convenga a la empresa. No estás obligado a aceptarla, sobre todo si es demasiado ambiciosa. Puedes hacer contraofertas, negociar puntos concretos o aceptar algunos y rechazar otros. Al finalizar el proceso de compensación, asegúrate de proporcionar una descripción detallada del puesto y un plan de retribución que refleje claramente tus expectativas. Una vez que ambas partes se hayan estrechado la mano y llegado a un acuerdo, pasa a la fase final. Gracias al riguroso proceso de selección, alrededor del noventa por ciento de tus candidatos deberían avanzar a la fase de compromiso. El diez por ciento restante serán, en su mayoría, aquellos que no lograron elaborar un adecuado plan de compensación.

COMPROMISO

Finalmente, después de todo el esfuerzo invertido, llega el momento de ofrecer el puesto al candidato seleccionado. Durante esta última etapa del proceso de entrevistas, es bueno repasar con el candidato los compromisos asumidos por ambas partes. Esta conversación debe ser bidireccional, abarcando las expectativas que tanto tú como el nuevo miembro del equipo se fijarán mutuamente.

Tus compromisos hacia un nuevo miembro del equipo incluyen una remuneración justa, pagada íntegra y puntualmente, un entorno laboral libre de acoso, donde los méritos sean reconocidos, y existan las garantías para una formación continua y una gestión efectiva de los resultados. Por su parte, el candidato debe comprometerse a mantener un alto nivel de desempeño en todo momento, a integrarse en la cultura de la empresa, a llegar a tiempo y estar preparado, y a ser un colaborador positivo.

Dado que mi negocio está orientado a la familia, suelo pedir a los candidatos que inviten a un familiar a esta reunión final. Por lo general, se trata del cónyuge, algunos han optado por traer a sus padres o incluso a un abuelo. No me molesta si el candidato decide no hacerlo, pero considero importante comprometerme, en nombre de mi organización, con las personas que pueden influir en su comportamiento para hacer todo lo posible por ellos.

Si bien no es un enfoque tradicionalista, nos ha ayudado a abordar obstáculos que crean problemas fuera del trabajo. Por ejemplo, en el caso de los puestos con pago a comisión, la naturaleza «variable» de los ingresos, especialmente para un nuevo empleado, puede generar estrés y conflictos en las familias. Hablar de estos temas por adelantado con el candidato y alguien de su entorno ayuda a calmar cualquier preocupación.

En mi opinión, parte del secreto de conservar a los empleados es garantizar la franqueza de este método. Cuando se contrata a un empleado, no solo se le incorpora a la empresa: indirectamente, estás trayendo a sus seres queridos, aunque no vengan a la oficina cada día.

Después de intercambiar nuestros compromisos mutuos, presento la documentación legal final: la oferta de empleo, la descripción del puesto y el contrato laboral, y cerramos el acuerdo con un apretón de manos. En ese momento, saco inmediatamente cien tarjetas de presentación con el nombre del nuevo empleado. Este pequeño gesto demuestra lo mucho que valoramos su incorporación. Les explico que, aunque nuestro proceso de entrevistas es riguroso, estamos muy entusiasmados con su llegada a la empresa. Al igual que apelamos al «Yo soy» del candidato durante la etapa de capacidades, el simple acto de entregarles tarjetas de presentación siembra las semillas para su éxito futuro.

Estoy convencido de que los CEOs que lean este libro no tendrán dificultad en aplicar las recomendaciones que he propuesto. Reconozco que mi enfoque puede ser radicalmente diferente a lo que han hecho antes, pero ese es precisamente el punto. Si recuerdas el esfuerzo que has invertido en construir tu Cultura y valores, sabrás que la fase de compromiso es tu oportunidad de vivir esos valores y ejercerlos frente al personal que se integra a tu empresa.

REAFIRMACIÓN DEL PROCESO

Casi todos los CEOs que he conocido han oído esta expresión: «Sé lento para contratar y rápido para despedir». Sin embargo, los datos y mi experiencia muestran que la mayoría hacen justo lo contrario. El proceso descrito en este capítulo es el paradigma de una contratación cuidadosa, aunque podrías acelerarla cuando lo consideres necesario.

El enfoque de las 4C fomenta la disciplina, y esa es su ventaja oculta. Si sabes que tu proceso de contratación es riguroso, tomarás decisiones más inteligentes sobre cuándo buscar nuevos candidatos y enfrentarás menos situaciones de contratación de emergencia, porque tus empleados se quedarán más tiempo en la empresa. En mi sector, la tasa media de retención de un empleado es de veintidós meses. En mi empresa, la media es de más de dieciséis años. Luego de implementar la filosofía que he descrito, los clientes que asesoro han obtenido resultados similares.

RETENCIÓN
DE TALENTO

«Contratar es un arte, no una ciencia, y los currículums no pueden decirte si alguien encajará en la cultura de una empresa».

—HOWARD SCHULTZ

El cerebro humano es el órgano más complejo del cuerpo y contiene más de cien mil millones de neuronas. Estas neuronas están conectadas por una estructura llamada sinapsis, que suman más de cien billones de conexiones. Si se alinearan las neuronas de un cerebro humano, podrían dar dos vueltas al planeta Tierra.

Las neuronas son esenciales para nuestro sistema nervioso, ya que transmiten información sensorial por todo el cuerpo y hacia el cerebro. Todo lo que percibimos, pensamos y sentimos resulta de señales eléctricas y químicas transmitidas entre neuronas. Para su correcto funcionamiento, el cerebro necesita un suministro constante de oxígeno.

Aunque el cerebro representa solo el dos por ciento de nuestro peso corporal, consume aproximadamente el veinte por ciento del oxígeno del que el cuerpo necesita. Sin el oxígeno necesario, el cerebro no puede cumplir sus funciones básicas, como convertir el azúcar y la grasa en la energía que nuestro cuerpo necesita para vivir. Si el cerebro se queda sin oxígeno por solo cuatro minutos, entra en un estado llamado hipoxia, lo que provoca que empiece a morir.

Al igual que el cerebro humano, tu empresa es un sistema complejo. Mientras que el primero se compone de neuronas, la empresa está formada por personas que interactúan a diario. La calidad de tu empresa depende de estas interacciones. Así como el cerebro necesita un suministro constante de energía para funcionar bien, una empresa necesita una fuente continua de energía para ser efectiva y alcanzar los resultados necesarios para sobrevivir.

En el caso del cerebro, esa energía proviene del oxígeno que se consume. Y, en tu empresa, ¿qué energía la alimenta? La respuesta es más compleja. Las personas trabajan por dos razones principales. Una es el salario, por supuesto, pero todos los trabajos ofrecen un salario. Las personas, según mi experiencia, buscan algo más que solo un sueldo.

Como es natural, las personas esperan recibir un pago por su trabajo, que debe ser justo y puntual. Como dice San Lucas: «El trabajador es digno de su salario». El pago es importante, pero un salario más alto no garantiza automáticamente mayores niveles de felicidad, realización o satisfacción. De hecho, un estudio de Princeton, realizado por Daniel Kahneman y Angus Deaton, concluyó que ganar más de 75,000 dólares al año solo tiene un impacto leve en la felicidad diaria.[8] Una vez que se supera ese nivel de ingresos, el bienestar emocional y el disfrute de las experiencias cotidianas no aumentan de manera significativa.

Esta es la razón de que el aumento abrupto de los salarios no garantice que los empleados trabajen a un nivel superior. Es más, en algunos casos tiene el efecto contrario: cuando los empleados sienten que sus ingresos no son merecidos, la complicada interacción de factores psicológicos puede llevar a una disminución en el rendimiento. Resumiendo, el compromiso, la ética laboral, la motivación y la satisfacción en el trabajo no dependen exclusivamente de los ingresos. Son intangibles y proceden de un sentido de propósito y una cultura de aprecio. Las personas desean un trabajo que sea significativo y correctamente remunerado, en empresas que valoren sus contribuciones y les den la libertad para sobresalir.

Si tratas a tus empleados con confianza y dignidad, ellos res-

---

8   Boushey y Glynn, "Sustitución de empleados".

ponderán haciendo cosas extraordinarias. Si les niegas esa confianza, acabarán por irse. Y cuando esto suceda, la empresa entrará en un estado de «hipoxia corporativa» y empezará a morir gradualmente.

EN BUSCA DEL SANTO GRIAL

El santo grial de las empresas radica en saber retener a sus empleados. Casi todos los CEOs con los que he hablado reconocen que un alto índice de rotación provoca una pérdida de impulso, lo que genera frustración al tener que llenar constantemente los puestos vacantes. Esta frustración se siente en toda la organización. Sabemos que contratar y formar a nuevos empleados es costoso, y cada renuncia representa una pérdida considerable de ingresos.

Todo el esfuerzo que has invertido hasta ahora, desde la creación de la cultura empresarial hasta el proceso de adquisición de talento, está dirigido a retener el talento. Cuando creas un entorno saludable y colocas en él a las personas correctas, frenas de manera natural las causas más comunes de la rotación de personal. Contratar a los mejores talentos no tiene sentido si no permanecen en la empresa a largo plazo.

Una vez que la cultura y el proceso de adquisición de talentos se han perfeccionado, puedes influir aún más en la trayectoria de tus empleados con la gestión y el liderazgo que les ofreces durante su tiempo en la empresa. Es inevitable, por supuesto, que no exista cierto grado de rotación de empleados. Incluso con una cultura casi perfecta, factores externos pueden llevar a empleados valiosos a buscar nuevas oportunidades. Sin embargo, puedes reducir drásticamente esa rotación, creando una empresa en la que la gente quiera quedarse.

Para conseguir una retención efectiva de personal, la primera tarea del CEO es mantener el autocontrol en todas las situaciones relacionadas con los empleados, ya sean positivas o desafiantes. A partir de ahí, debes convertirte en un entusiasta promotor de elogios y reconocimientos. Edificar un ambiente de estima es indispensable para que estos procesos den resultados en el negocio.

EL «PODER DEL AMOR» EN EL TRABAJO

«¿Amor, en serio? Esa palabra está prohibida en el trabajo».

Es comprensible que, en el entorno laboral, la palabra «amor» resulte incómoda o fuera de lugar. Y puede ser que, después de analizarla, prefieras una forma diferente de expresar las prácticas que describo en este capítulo. Pero para mí, el amor es la manera más clara y adecuada de englobar los comportamientos más efectivos que un CEO puede adoptar para liderar y retener a sus empleados.

En la actualidad, esta palabra se ha reducido únicamente a sus connotaciones románticas. Sin embargo, su origen etimológico es mucho más amplio. En tiempos antiguos, el amor representaba la empatía hacia los demás. Los griegos, por ejemplo, tenían diferentes palabras para referirse a distintas formas de amor. *Philia* describía el fuerte vínculo entre personas que compartían valores o intereses comunes, lo que conocemos como amistad. La palabra *storge* se refería a la afinidad entre quienes compartían creencias o prácticas similares, como el amor familiar. *Eros* hacía alusión al amor carnal, a la lujuria. Finalmente, *ágape* era el amor entre Dios y el hombre, o entre el hombre y la humanidad.

Mi concepto personal de «poder del amor» en el trabajo, lo he tomado de Joel Manby, antiguo CEO de SeaWorld Parks y autor de *El amor sí funciona: siete principios vitales para líderes eficaces*. Aunque es un sistema que no aplico en su totalidad, reconozco su relevancia.

Según Manby, deberíamos aceptar la palabra «amor» en el trabajo y tratar al personal de manera genuina, sin segundas intenciones. Al fin y al cabo, pasarás un tercio de tu vida con tus empleados, así que deberías ser capaz de mostrarles amor y respeto de forma auténtica. Por otra parte, el libro de Manby también es un excelente manual sobre inteligencia emocional.

Como han podido ver, la base de mi filosofía se centra en la gestión integral de la persona. A mis clientes les recomiendo no limitarse a una sola faceta de la dimensión de la persona, como el «Yo pienso», el «Yo siento» o el «Yo soy». Si no entiendes cómo piensa y siente tu personal, no lo estás gestionando de manera integral.

Gestionar integralmente a las personas no significa centrarse solo en sus habilidades para cumplir tareas, o en sus emociones. Para que tu empresa prospere, necesitas empleados equilibrados y capaces de enfrentar, con madurez y concentración, desafíos internos y externos. Ayudar a nuestros empleados a lograr esto es la parte fundamental de ser un líder.

Pero está claro que muchos líderes pasan por alto uno de los requisitos de la gestión empresarial: gestionarse a sí mismos. En muchos casos, las razones por las que los buenos empleados dejan una empresa se debe al comportamiento de sus líderes. El ejemplo, el arquetipo de cómo deben pensar y actuar tus empleados, radica en ti, el CEO. Mostrar autocontrol en todas las situaciones y vivir según los valores que profesas es la mejor manera de respetar tu propia cultura empresarial.

CÓMO GESTIONA LA CULPA UN CEO

W. Edwards Deming, figura clave del Movimiento de Calidad, tuvo un impacto significativo en la economía de Japón después de la Segunda Guerra Mundial. Muchos le atribuyen el haber fomentado el milagro económico de ese país, que lo llevó a convertirse en la tercera economía del planeta. Un principio clave de la filosofía de Deming era la idea de que «un mal sistema siempre derrotará a una buena persona». Por esto, instaba a los líderes empresariales a «culpar al proceso y no a las personas».

¿Acaso uno de los desafíos más significativos que tiene un CEO es manejar la culpa? Culpar a otros no es una práctica de gestión efectiva, ya que somos responsables de los resultados más allá de los procesos que los generan. Para alcanzar los resultados que hagan avanzar a la empresa, debemos dejar atrás las culpas y concentrarnos en la persona en su totalidad.

Si tiendes a ser crítico o te sientes profundamente comprometido con tu misión empresarial, puede ser difícil contenerse y no reaccionar de manera impulsiva cuando algo sale mal. Por ejemplo, hubo una ocasión en que tuvimos que terminar la relación con un proveedor debido a problemas continuos de rendimiento. Nuestras empresas dejaron de ser compatibles y tuvieron que deslindarse. Durante esta transición, un miembro de mi equipo envió un correo electrónico severo, más como un desahogo que como una comunicación útil, expresando su frustración con el proveedor. Aunque sus puntos podrían ser válidos, la forma en que manejó la situación no reflejaba nuestros valores ni nuestra cultura empresarial. Al discutir este tema con él, le agradecí por su compromiso de mantener los estándares altos de nuestros proveedores, pero le aconsejé que en futuras ocasiones deberíamos ser más cuidadosos en cómo manejamos las faltas y culpas en la empresa. «Eres mucho mejor que el contenido de ese correo electrónico», le dije.

Abordé la situación con suavidad y respeto, porque valoro a esta persona. Cometió un error, pero no era motivo para ser sancionado. Al día siguiente, recibí un correo electrónico suyo expresando, en tono cordial, que estaba cansado y que la situación lo había desbordado. Admitió haber gestionado mal la situación y agradeció la ayuda para volver a enfocarse en el panorama general.

Al humillar a los empleados por sus errores, se perjudica su capacidad de desempeñarse mejor en el futuro. Lo mejor es abordar cada error como una oportunidad de crecimiento.

Sería sencillo para un CEO castigar a un empleado por un error, pero esto rara vez contribuye positivamente al desarrollo de la persona y de la empresa. En efecto, hay ocasiones en que es necesario despedir a alguien por errores continuos; pero considero que estos problemas se originan frecuentemente por fallos en la cultura corporativa y en la selección de personal. Cuando investigamos más a fondo, descubrimos que el responsable usual de estas situaciones es el propio CEO.

CONVERTIRSE EN UNA FUENTE DE RECONOCIMIENTOS

Muhammad Rumi, un poeta del siglo XIII, escribió una vez: «En un lugar más allá del bien y del mal, hay un jardín. Allí me reuniré contigo». Si aplicamos esta reflexión en situaciones de éxito, entendemos que no debemos ensimismarnos en nuestras propias victorias. En vez de solo autoatribuirnos los éxitos, lo mejor es considerar qué podríamos mejorar y qué oportunidades podríamos brindarles a otros para que brillen por sí mismos.

Un CEO debe mantener la compostura tanto en los momentos críticos como en los de tranquilidad. Controlar el instinto de culpar en situaciones negativas y elogiar adecuadamente en los buenos momentos, es igual de importante. Muchos CEOs sobrevaloran la frecuencia de sus retroalimentaciones positivas y subestiman el impacto que estas tienen en el personal.

El modo de elogiar debe adaptarse específicamente a la naturaleza de la empresa, su cultura organizacional y su equipo.

Sin embargo, el enfoque para elogiar probablemente debería incorporar tres niveles:

3. Individual
4. Colectivo
5. Familiar

Es responsabilidad del CEO y de los directivos comunicarse regularmente para hacer sentir a los empleados que se valora no solo su trabajo, sino también quiénes son como individuos. Esta distinción es valiosa, ya que implica reconocer las tres dimensiones de la persona. Esta historia puede serte útil:

> Un día, mientras conversaba con Tom Purcell (CEO de Ashford Advisors en Atlanta) en un pasillo de su oficina, vimos que un grupo de nuevos asesores se esforzaba en concertar citas telefónicas. A pesar de que estábamos conversando de cosas serias, Tom me pidió que esperara un momento.
>
> Se dirigió hacia uno de los jóvenes, le dio una palmada en el hombro y le dijo con firmeza: «Estás haciendo un buen trabajo. Si sigues así, vas a tener un gran futuro». Acto seguido, regresó, me guiñó un ojo y comentó: «¡Hay que atraparlos haciendo algo bueno!».

La manera en que Tom elogió al joven tenía varios fines. No

solo trataba de resaltar la calidad del trabajo realizado, sino también de hablar sobre el impacto que este tendría en el futuro del colaborador. En solo dos frases, abordó tanto la habilidad del joven como sus aspiraciones futuras. Para Tom, elogiar es una respuesta automática: cuando ve algo que es elogiable, actúa de inmediato y no deja pasar la oportunidad (incluso si esto significa interrumpir otra conversación). Cuando el momento lo ameritaba, su instinto reaccionaba y se convertía en una fuente de hacer elogios.

Fomentar elogios frecuentes y significativos es una de las principales tareas de una cultura empresarial. Un buen elogio debe ser oportuno y ajustarse a las costumbres ya establecidas en la empresa. Un CEO eficaz aprovecha cada día para reconocer y valorar el trabajo de su equipo. Al recibir elogios, los empleados se sienten más comprometidos y valorados, pues están conscientes de que sus superiores aprecian su desempeño.

Los elogios pueden hacerse en privado o en público. A menudo invito a almorzar a un empleado durante la semana, corro con los gastos y le agradezco por su buen desempeño. Generalmente, este gesto no demora en saberse entre los compañeros.

Los reconocimientos también se ofrecen en público. El ambiente de cualquier reunión puede ser definido por un CEO que reconoce y elogia genuinamente el buen trabajo de sus colaboradores. Todos disfrutamos recibir elogios delante de nuestros colegas, pero muchos CEOs tienden a reservar estos reconocimientos para ocasiones muy formales, desaprovechando múltiples oportunidades. Resaltar en el momento las acciones meritorias no solo muestra a todo el equipo lo que la empresa valora, sino que promueve la repetición de estas conductas. Confío en que empieces a ver cómo un simple elogio puede fomentar actitudes aún más positivas. El acto de elogiar es motivador y energizante, y constituye una fuente de impulso gratuito que puede integrarse en todos los canales de comunicación de la empresa, desde las reuniones hasta los correos electrónicos.

En última instancia, los elogios no solo tienen un efecto positivo en el lugar de trabajo, sino que también se extienden hasta los hogares de los empleados. Cuando un empleado se esfuerza más allá de lo esperado, quedándose tarde o cumpliendo con un plazo urgente, es importante reconocer que no solo está sacrificando su tiempo, sino también el de sus seres queridos. Un elogio pertinente puede transformar una situación de estrés en un momento especial para la familia del empleado.

Una acción concreta podría ser escribir una nota agradeciendo al cónyuge o a la familia del empleado. En esta nota, se puede expresar la gratitud por el tiempo compartido con la empresa y reconocer el trabajo excepcional del empleado. Este pequeño gesto, aunque simple, puede resonar y tener un profundo impacto en el bienestar emocional del personal.

Recuerda que, al elogiar de manera más intencional y efectiva, la autenticidad es clave. Si no encuentras un motivo sincero para el elogio, evita fabricarlo. Es preferible seguir siendo sincero y generoso. Con el tiempo, irás más allá de las palabras y te expresarás mediante acciones, como ofrecer vacaciones extras o regalos significativos. Al hacer visibles los elogios frente a tu personal, les inculcarás el deseo de elogiarse mutuamente, y la cultura empezará a apoyar este aspecto de tu labor como CEO.

Me gusta señalarles a los CEOs que la positividad es el principal producto que fabrica todo líder. Los elogios son el vehículo por el cual transmitimos esa positividad al equipo. Debido a la posición que ocupamos, a menudo somos capaces de identificar méritos y logros antes —y con más claridad— que otros en la organización. Si descubres que no hay acciones en tu empresa que merezcan ser elogiadas, entonces enfrentas un problema serio. Esto podría ser síntoma de que tienes un equipo incorrecto o que lo estás juzgando de manera errónea. Identifica este problema y soluciónalo.

DEJAR IR

No existe proceso de adquisición o retención de talento que sea perfecto. El empleado ideal de hoy puede experimentar mañana un acontecimiento que cambie su comportamiento, o puede que, por error, se haya contratado a alguien inadecuado, pasando por alto detalles que, en retrospectiva, resultan evidentes. Nadie alcanza la perfección.

Hasta ahora, hemos aprendido prácticas efectivas para mejorar el rendimiento en todos los niveles de la organización; aun así, ocasionalmente será necesario despedir a empleados. Cuando llegue ese momento, demuestra compasión en tu decisión.

Puede parecer contradictorio, pero si un empleado ha pasado por todo el proceso y finalmente no resulta adecuado, hay que reconocer que en algún momento viste cierto potencial en esa persona. En cierto modo, tú también tienes una cuota de responsabilidad en ese error. Para todos, lo más beneficioso es permitir que el empleado encuentre un lugar donde pueda prosperar. Si contratamos personal basándonos en nuestros valores, debemos ser coherentes y hacer lo mismo cuando tenemos que dejarlos ir.

Despedir a alguien no es solo un formalismo ni un ejercicio para aliviar la conciencia. Cualquier persona sana se sentirá mal de pedirle a un empleado que se vaya, incluso cuando hacerlo esté justificado. Mi intención es ayudarte a comprender que despedir a un empleado, aunque difícil, puede ser la decisión correcta. Así mismo, quiero mostrarte cómo puedes llevar a cabo este proceso respetando los valores de la organización.

Además de respetar los requisitos legales y éticos necesarios para despedir a un empleado —que pueden variar según la ley estatal e incluir advertencias formales—, es posible llevar a cabo el despido de un modo compasivo y respetuoso.

Aquí te explico cómo:

- Antes de tomar cualquier decisión, evalúa cuidadosamente el desempeño y las perspectivas a largo plazo del empleado. Podrías descubrir que el problema no es el empleado, sino que su rol actual no se ajusta a sus habilidades. Si este es el caso, y es factible, busca otro puesto dentro de la empresa que pueda capitalizar sus fortalezas.
- Desde el momento en que le hagas saber tus preocupaciones, sintetiza toda la conversación en los valores de la empresa. Así como esperas recibir retroalimentación valiosa de tu equipo, proporciona al empleado comentarios constructivos y prácticos que le ayuden a resolver los problemas identificados.
- Si la retroalimentación no da resultados, sé franco al compartir tus preocupaciones y propón alternativas fuera de la empresa que puedan ser más beneficiosas para

el empleado. Apóyalo en esta transición, ya sea mediante un ofrecimiento de indemnización por despido, una recomendación para un puesto en otra empresa, si es apropiado, o un plan de capacitación para ayudarle a reorientar su carrera profesional.

Aunque no todos los finales son felices, actuar con compasión puede transformar una experiencia negativa, como esta, en algo que resulte productivo para la empresa y el empleado afectado.

TU VISIÓN DEL TALENTO EN LA EMPRESA

A lo largo de estos capítulos, hemos trabajado para desarrollar un entorno único para tu empresa y las personas que se incorporen a ella. Al comprender mejor cómo funcionan las personas, cómo identificar y seleccionar el talento más adecuado, y qué estrategias emplear para retenerlo, podrás crear equipos de alto rendimiento en todos los niveles de tu empresa. Esto requiere de un esfuerzo que puede parecer abrumador, pero la recompensa es la libertad de no tener que controlar en exceso o intervenir personalmente en cada detalle del futuro de la empresa. Contarás con colaboradores adecuados que no solo se alinearán con tus valores empresariales, sino que también ofrecerán ideas innovadoras para el crecimiento continuo. Este es el verdadero poder del liderazgo, y solo el CEO tiene la capacidad de ejercerlo eficazmente.

Sección IV

NÚMEROS

LIDERANDO DESDE LOS NÚMEROS

"Si no conoces tus números, no conoces tu negocio".

—MARCUS LEMONIS

Los grandes maestros del ajedrez comprenden que el siguiente mejor movimiento es aquel que te da más posibilidades de ataque o estabilidad en el futuro. En el ajedrez, abundan las opciones: hay sesenta y cuatro casillas, pero solo treinta y dos piezas, cada una con sus propios movimientos y reglas. Elegir la mejor jugada de entre todas las posibles es extremadamente desafiante. Lo que realmente diferencia a un Gran Maestro de otros grandes jugadores es su habilidad para calcular muchos posibles escenarios futuros, seleccionando las opciones que mejoran su posición en el tablero y los lleva un paso más cerca del *Jaque mate*.

A lo largo de la historia, el ajedrez ha sido considerado un juego de estrategia, porque no solo se trata de hacer jaque mate sino también de evitar que te hagan *jaque mate*. Para un experto en ajedrez, ser forzado a hacer un movimiento que empeore su posición es la mayor de las humillaciones. El maestro de ajedrez polaco, Johannes Zukertort, expresó la famosa frase: «el ajedrez es la lucha contra el error». Cometer un error es ya bastante malo para un jugador, pero es aún peor cuando es el adversario quien te obliga a cometerlo.

Entonces, ¿cómo puedes saber cuáles son los mejores movimientos y cómo estos contribuyen a alcanzar tus objetivos? Para esto necesario tener un método de registro y análisis de aciertos y errores, sino ¿cómo es posible saber que tan bien o mal lo estamos haciendo? La clave recaerá en expresar las conclusiones finales en términos claros y específicos.

Entiendo que esto puede sonar bastante obvio, pero he observado que muchas empresas con las que me he encontrado solo establecen metas vagas, expresadas generalmente en términos anuales. Frases como «Este año queremos seis millones y medio de ingresos» o «Necesitamos contratar a tres nuevos vendedores antes del tercer trimestre» no constituyen realmente metas claras. Son solo aspiraciones, no hay dirección clara.

Todo esto me hace recordar la escena entre Alicia y el gato

Cheshire en «Alicia en el país de las maravillas» de Lewis Carroll, donde Alicia sintiéndose perdida dice:

—Por favor, ¿podría decirme por dónde tengo que ir?

—Eso depende en buena medida de adónde quieras llegar —le respondió el Gato.

—No importa demasiado adónde... —dijo Alicia.

—Entonces no importa por dónde vayas —dijo el Gato.

Muchos CEOs no conocimientos sobre contabilidad o finanzas, aunque no se puede negar que esta tendencia está cambiando últimamente. Según Heidrick & Struggles, la principal firma de reclutamiento de CEOs a nivel mundial, solo el treinta por ciento de los CEOs de las empresas de Fortune 500 poseen experiencia en finanzas, pero este porcentaje cae radicalmente en las empresas pequeñas. Generalmente, los CEOs prefieren asignar la gestión financiera a expertos en el área, como directores financieros (CFO) y si la empresa es pequeña le asignan esta tarea a su contador.

Algunos CEOs consideran que la gestión de las finanzas es una tarea exclusiva del director financiero. Sin embargo, como CEO, tu rol principal es administrar eficientemente los recursos de la empresa. No digo que no debas delegar, pero hay responsabilidades que no puedes descuidar por nada el mundo, y esta es una de esas. Debes asegurarte de que la visión y estrategia no eclipsen la realidad financiera de la empresa. Es vital contar con suficiente capital para financiar los próximos proyectos o escalar los que están en marcha. En los negocios, al igual que en el ajedrez, quedarse sin opciones es un error grave de liderazgo.

¿Cómo puede un CEO prevenir una crisis financiera? La respuesta es simple, entendiendo las cifras que reflejan la realidad de su empresa y exponiéndolas de forma clara y directa. Las matemáticas son el idioma de los negocios y los números no mienten. Los líderes deben enfrentar la realidad tal como es. Así que comencemos.

FIJAR LA AGENDA

La persona que decide qué indicadores se utilizan realmente tiene el control del negocio. Por ejemplo, James Madison fue el primero en llegar a Filadelfia para la Convención Constitucional, no porque quisiera debatir, sino porque buscaba influir en los temas a tratar. Esto le ha valido el título de «Padre de la Constitución».

Los indicadores que seleccionamos, la relevancia que les

asignamos y los planes que formulamos a partir de ellos son ejemplos claros de decisiones ejecutivas. Aunque se puede delegar la gestión de sistemas y procesos para la recolección y comunicación de datos, la elección de qué se mide sigue siendo una prerrogativa del director general (CEO).

Quizás esto te resulte familiar: los CEO reconocen que construir una empresa exitosa requiere un gran esfuerzo. Sin embargo, no es raro que el crecimiento se estanque, los márgenes se reduzcan y los gastos aumenten, llevando a la empresa a un punto donde es difícil avanzar con los recursos actuales. En este contexto, tus empleados pueden preguntarse: «¿Qué estamos tratando de lograr?» antes de iniciar sus actividades diarias, muchas de las cuales pueden no contribuir directamente a los objetivos finales de la empresa.

Un CEO podría pensar o decir a su equipo ejecutivo, «¡Necesitamos más trabajo, más horas, más gente, más!» con la esperanza de que duplicar el esfuerzo produzca mejores resultados. Es conocido que el éxito empresarial se sustenta en un equipo comprometido que persigue objetivos comunes. No obstante, es inusual que todos los miembros del equipo estén completamente alineados. ¿La razón? A menudo no hay claridad en los objetivos que se deben alcanzar.

Establecer los indicadores clave de rendimiento (KPI) es crucial para definir las metas de una empresa. Es importante preguntarse: ¿Conoce cuáles son las cifras clave que pueden predecir y confirmar el éxito de su negocio? Esta no es una pregunta trivial. Muchos CEOs, a pesar de su falta de formación en finanzas, no solo miden los KPI incorrectos, sino que también pueden ignorar algunos esenciales. Todas las empresas tienen debilidades financieras que, si no se monitorean y gestionan correctamente, pueden resultar en la pérdida de oportunidades significativas o, en el peor de los casos, en un desastre financiero.

En los restaurantes es fundamental controlar los costos de alimentos y personal como un porcentaje de las ventas. Sin embargo, cada tipo de negocio tiene sus propias métricas clave. Por ejemplo, en el sector minorista se suele enfocar en los costos fijos en relación con las ventas por metro cuadrado. En el ámbito de la consultoría, los ingresos facturables por profesional son un buen indicador de la salud del negocio, mientras que en la manufactura se observan métricas como el inventario, la facturación y el porcentaje de productos defectuosos devueltos.

Es esencial conocer y monitorear estos indicadores clave de rendimiento (KPI, por sus siglas en inglés) para el éxito de cualquier negocio. Estos pueden ser financieros, como el efectivo disponible, las cuentas por cobrar, los ingresos y el beneficio bruto, los cuales generalmente provienen del balance general y del estado de resultados. También existen KPI no financieros, que son cualquier medida cuantitativa de desempeño que no se expresa en términos monetarios. Ejemplos comunes incluyen la satisfacción del cliente y las métricas de marketing.

Aunque medir la satisfacción del cliente puede parecer menos tangible que calcular el beneficio neto, es crucial para entender qué impacta la retención de clientes. Sin un sistema para evaluar esto, es difícil saber cómo las preocupaciones de los clientes afectan a la empresa, y el personal podría no priorizar adecuadamente la gestión de estas preocupaciones.

Al definir los indicadores clave de rendimiento (KPI) para su empresa, encontrará que algunos indicadores son predictivos y le muestran hacia dónde se dirige su empresa, mientras que otros son retrospectivos y le indican dónde se encuentra actualmente. Los primeros, conocidos como KPI adelantados, pronostican el desempeño futuro y ofrecen una oportunidad para actuar preventivamente ante posibles resultados negativos. Son medidas simplificadas de actividades complejas que ayudan a anticipar resultados futuros.

Por otro lado, los KPI retrospectivos muestran los resultados pasados y, aunque no permiten corregir problemas ya ocurridos, establecen una base para comparar con los indicadores adelantados. Un error común en muchas empresas es depender únicamente de los KPI retrospectivos, lo cual es comparable a conducir usando solo el espejo retrovisor.

Es crucial para cualquier líder empresarial, especialmente los CEOs, manejar tanto los indicadores adelantados como los retrospectivos, prestando especial atención a áreas clave como ventas, márgenes de beneficio y flujo de caja. Al seleccionar los KPI, es importante ser reflexivo y creativo. Consultar con colegas y competidores sobre los indicadores que utilizan puede ser muy beneficioso para definir una lista de KPI efectiva y esencial para el éxito de la empresa.

A continuación, se presentan algunas categorías de métricas que podrían ser útiles para monitorear:

- Medidas financieras
- Medidas de personal
- Mediciones de ventas y marketing
- Medidas de investigación y desarrollo

Cada categoría puede subdividirse en varias subcategorías. Por ejemplo, en las mediciones financieras, podríamos incluir indicadores clave de rendimiento (KPI) como el margen de beneficio, el flujo de caja y la rapidez de los pagos. En el ámbito del personal, los KPI podrían abarcar el compromiso de los empleados, las tasas de satisfacción, los objetivos de contratación y la asistencia a eventos corporativos. Los KPI relacionados con la cultura de la empresa podrían enfocarse en la participación en rituales, las iniciativas de desarrollo personal y la frecuencia de respuestas a correos sobre temas culturales.

Nuestro objetivo no es abrumarnos con una enorme cantidad de datos, sino enfocarnos en los indicadores clave. Por ejemplo, si el KPI de un coche de carreras es su velocidad máxima, queremos poder identificar qué cambios, buenos o malos, han influido en esta velocidad. No es necesario monitorear cada aspecto del rendimiento del coche, como la presión de los neumáticos o la eficiencia del combustible. Aunque alguien debe ocuparse de esos detalles, no son esenciales para tomar decisiones críticas de inmediato.

Al crear y refinar tu lista de KPI, úsala como guía para organizarlos en un gráfico. Debes nombrar cada KPI, determinar si es un indicador adelantado o rezagado, definir la fórmula para calcularlo y establecer la frecuencia con la que se debe evaluar. Es crucial encontrar un equilibrio en la frecuencia de evaluación: no debes esperar tanto que pierdas la oportunidad de influir en el rendimiento, pero tampoco evaluarlos tan a menudo que cada variación te afecte.

Los controles semanales y mensuales son buenos momentos para empezar. Las evaluaciones cada tres meses también pueden ser útiles, pero para algunas empresas, esperar tanto tiempo para identificar una oportunidad perdida puede resultar en una pérdida significativa de beneficios. Es importante elegir la frecuencia de los informes que mejor se adapte a las necesidades de su empresa.

COMPARTIR LA AGENDA

Un CEO debe no solo definir y monitorear constantemente los indicadores clave de rendimiento que la empresa debe alcanzar, sino también utilizar estos datos para fomentar un sentido de pertenencia entre los empleados. Es decir, los números pueden servir como un medio para que los empleados comprendan el impacto de su trabajo y se motiven a contribuir activamente a mejorar esos resultados. Esto no solo mejora su sentido de pertenencia, sino que también aumenta su satisfacción laboral, ya que ven cómo su esfuerzo contribuye directamente al éxito de la empresa.

A medida que esta estrategia de enfoque en los números demuestra ser exitosa, el CEO tiene la responsabilidad de usar estos logros colectivos para fortalecer el espíritu de equipo y colaboración que hizo posible dichos resultados.

Anteriormente, los empleados podían cuestionarse la relevancia de sus tareas, pero ahora pueden comenzar a entender su importancia para el éxito de la empresa. Si el CEO comunica esto de manera efectiva, puede hacerles ver la relevancia de sus contribuciones no solo para la empresa, sino también para su desarrollo individual. Este enfoque puede revelar que los números tienen un potencial transformador mucho mayor de lo que muchos líderes empresariales reconocen.

Liderar con base en datos comienza con establecer indicadores claves de desempeño (KPI) relevantes. Un CEO debe definir claramente estos KPI y asegurarse de que todos en la empresa los conozcan y los sigan. Es fundamental que enseñe a su equipo a integrar estos indicadores en su trabajo diario. Además, debe hacer públicos estos resultados regularmente y revisarlos en intervalos apropiados para hacer ajustes significativos cuando sea necesario. Estos datos funcionan como referencias esenciales para navegar con éxito. Si el líder no sabe dónde está parado, no puede esperar que su equipo lo sepa.

Hoy en día, muchas empresas en Estados Unidos enfrentan problemas debido a la falta de objetivos claros y una comunicación transparente. Esto lleva a decisiones ineficaces, pérdida de oportunidades y descontento entre los empleados, quienes buscan un liderazgo firme. Para saber a dónde dirigirse, es fundamental establecer indicadores clave de rendimiento (KPI) que señalen tanto el progreso actual como las metas a alcanzar.

Una encuesta realizada por la American Psychological Association revela que una cuarta parte de los empleados no confía en su empresa y, aún más preocupante, solo la mitad considera que su jefe es sincero y directo.[9] Esta falta de confianza se atribuye a menudo a la ausencia de transparencia en el lugar de trabajo. Promover la transparencia es esencial para crear una cultura de confianza entre los directivos y sus equipos. Las personas que entienden su rol y los objetivos de la organización son más propensas a confiar en sus empleadores y comprometerse con los fines de la empresa.

Comprender la visión general de la empresa es crucial porque influye en cómo definimos, seguimos y compartimos los KPI. La filosofía detrás del uso de estos indicadores es proporcionar un contexto que guíe nuestras decisiones, liderazgo e inspiración. Nuestra meta no es reducir la organización a simples números; buscamos un enfoque más humano que nos permita entender mejor tanto a nuestros empleados como a los clientes que atendemos.

La Organización de Empresarios es conocida por una anécdota que relata el jefe de una gran compañía de hipotecas durante una charla sobre la relevancia de los números en los negocios. Él le dice a su audiencia:

---

9   "2014 Work and Well-Being Survey", American Psychological Association, abril de 2014, http://www.apaexcellence.org/assets/general/2014-work-and-wellbeing-survey-results.pdf.

«Todo el mundo tiene un número... incluso el recepcionista, que dice: "Si tocan el timbre tres veces, es malo. Si lo hace dos veces, es bueno"».

Aunque esto simplifica la idea, en las organizaciones modernas, los empleados buscan algo más allá de simples objetivos y cifras. Ellos desean entender los datos que fundamentan las decisiones de la empresa.

En el pasado, cuando los barcos clíper eran dominantes en los mares, el cronómetro era esencial para la navegación. Marineros y oficiales aprendían a manejar la brújula y el sextante, pero estos conocimientos no eran útiles sin la habilidad de leer el cronómetro. Solo el capitán, quien portaba la llave del cronómetro al cuello, tenía acceso a esta información. Se pensaba que compartir este conocimiento ampliamente podía incitar motines en momentos críticos.

En el ambiente empresarial de hoy, aunque los directivos no temen motines como los capitanes de antaño, siguen siendo cautelosos al compartir información detallada con sus empleados. Es fundamental encontrar un equilibrio donde tanto empresarios como empleados colaboren, usando los datos como herramienta clave para el progreso de la empresa. Cada director ejecutivo comprende que un buen manejo de los datos puede ser crucial para el éxito o el fracaso de la organización.

Pixable era una empresa de creación de contenidos digitales que se apoyaba mucho en las redes sociales para distribuir su material y generar ingresos mediante publicidad. Durante su primer año, un equipo de editores creó contenido atractivo especialmente dirigido a *millennials* y preadolescentes. Aunque la empresa cobraba tarifas publicitarias promedio, creían que la calidad de la interacción con sus contenidos era superior a la de otros en el sector.

La dirección de Pixable se propuso un reto ambicioso: aumentar los ingresos publicitarios en un 700% en un año, sin necesidad de producir más contenido. Para alcanzar este objetivo, contrataron a cuatro científicos de datos que identificaron tendencias valiosas y aplicables. En solo treinta días, estos expertos confirmaron que los usuarios dedicaban más tiempo a los artículos de Pixable, los compartían con más frecuencia y con más personas, y los destacaban más en sus redes sociales personales. Aunque la empresa ya intuía esto, ahora tenía datos concretos para presentar a los anunciantes. Implementaron una función de almacenamiento para estos indicadores clave de rendimiento (KPI), haciendo que la información estuviera disponible para todo el equipo, lo que impulsó notablemente la creatividad.

El equipo de marketing creó una campaña para destacar la importancia del «tiempo en el sitio» como la métrica clave para los anunciantes, un dato que los competidores no ofrecían a sus clientes. Esto estableció un nuevo estándar en la industria.

Por su parte, el equipo de ventas utilizó esta información para personalizar estudios de caso para diferentes sectores y desarrolló un nuevo modelo de precios. En este modelo, los anunciantes solo pagan si los anuncios alcanzan las audiencias objetivo en los niveles esperados. Gracias a la eliminación del riesgo de rendimiento bajo, Pixable pudo justificar un precio más alto por garantizar resultados efectivos.

El equipo de ventas recopiló datos que el equipo de contenidos utilizó para desarrollar una estrategia enfocada en producir artículos en las categorías que más interesaban a los anunciantes. Además, ofrecían métricas de audiencia que ayudaban a generar más ingresos. Esto satisfizo a los anunciantes, quienes, al tener información precisa, se sentían seguros de invertir más, sabiendo que sus mensajes llegaban eficazmente a los consumidores.

En mi experiencia trabajando con diversas empresas, frecuentemente descubrimos oportunidades no evidentes en los datos. El caso de Pixable no es una excepción, aunque es poco común. Muchos líderes empresariales no invierten el tiempo necesario para comprender a fondo cómo opera su negocio, y son aún menos los que proporcionan acceso completo a esta información a sus equipos. Si pudieras entender mejor los datos de tu empresa, ¿qué descubrirías?

MENTALIDAD
DE PROPIEDAD

*"Las únicas personas felices que conozco son las que trabajan bien
en algo que consideran importante".*

—ABRAHAM MASLOW

Andrew Carnegie alabó en múltiples ocasiones a Charles M.
Schwab, considerándolo el ejecutivo más eficiente que había conocido. A los treinta y cinco años, Carnegie nombró
a Schwab presidente de Carnegie Steel. Durante su gestión,
Schwab pronunció un discurso acerca del futuro de la industria del acero, en presencia de figuras como J.P. Morgan. Este
discurso fue tan convincente que motivó a Morgan a crear
U.S. Steel, convirtiéndola en la mayor empresa del mundo en
ese momento mediante la fusión de los principales productores de acero del país. Morgan llegó a describir la presentación

de Schwab como «el primer discurso de mil millones de dólares del mundo».

Después de varios años liderando U.S. Steel, Schwab se convirtió en el jefe de Bethlehem Steel, transformándola en la organización manufacturera más eficiente e innovadora del mundo. Aunque era la segunda en tamaño después de U.S. Steel, Bethlehem Steel se destacó en el desarrollo de nuevas tecnologías, como la viga H, crucial para la construcción de rascacielos y de barcos durante la Segunda Guerra Mundial. Schwab era un gestor adelantado a su tiempo, rechazando la idea de que los datos debían ser exclusivos para los directivos y motivando a sus trabajadores a mejorar la productividad mediante sistemas de puntuación.

A principios del siglo XX, Schwab buscó aumentar la producción de acero. Frente a métodos tradicionales ineficaces, optó por una estrategia motivacional simple pero efectiva. Una noche, al inicio del turno nocturno en la planta de Bethlehem, Pensilvania, Schwab preguntó a un empleado del turno diurno cuántas calderas habían fabricado ese día, a lo que el empleado respondió «seis». Schwab entonces escribió el número «6» en el suelo con tiza y se marchó. Al ver el número, los trabajadores del turno nocturno se motivaron al entender que era un reto implícito del jefe, incentivándolos a superar esa cifra.

Al día siguiente, mientras Schwab recorría la planta, escuchó al supervisor del turno nocturno animar a sus empleados: «¡Vamos, muchachos!». Una vez que el grupo se dispersó, Schwab notó que su número «6» había sido borrado y reemplazado por un «7» dibujado con tiza. Al observar esto, un trabajador del turno diurno comentó: «¿Creen que pueden superarnos? Vamos a demostrarles que no». Al final de su jornada, el «7» se transformó en un impresionante «10», mostrando un notable aumento de producción en un solo turno. En solo veinticuatro horas, la producción aumentó un 66%.

Esta anécdota es vista por algunos como un ejemplo del valor de la competencia saludable, pero es esencial destacar un aspecto clave. Lo único que hizo Schwab fue proveer información relevante a los trabajadores, y ellos se encargaron del resto.

Esta historia destaca la importancia de los datos. Al convertir tus métricas en indicadores de rendimiento clave que sean fáciles de entender, podrás utilizar estos números para dirigir y motivar a tu equipo. Los resultados no siempre se darán de un día para otro como en el caso de Schwab, pero te aseguro que con el tiempo esta estrategia brindará claridad y grandes resultados para tu empresa.

FOMENTAR LA MENTALIDAD DE PROPIEDAD

Muchos nos hemos llegado a preguntar «¿Para qué sirve mi trabajo?». A medida que una empresa crece y los equipos se expanden, muchos dejan de notar que impacto tiene su trabajo en la compañía, incluso los altos mandos. Esto puede llevar a que los colaboradores realicen sus tareas de manera mediocre. Los efectos de la apatía pueden parecer inocuos al principio, pero pueden propagarse rápidamente, afectando al rendimiento general de la empresa.

Por ejemplo, en la empresa Schwab, día tras día, los empleados simplemente cumplían con las tareas encomendades, sin un indicador de rendimiento claro. No sabían si estaban haciendo mucho o poco, por lo que no existía en ellos una sensación de responsabilidad o urgencia. Al introducir una cifra específica, Schwab apeló a un aspecto crucial de la naturaleza humana: el deseo de que nuestro trabajo sea significativo. Cuando los empleados sienten que su labor importa, están motivados para lograr resultados extraordinarios.

Este enfoque es lo que Brad Hams llama «mentalidad de propiedad». Argumenta que muchos trabajadores creen merecer un salario por el simple hecho de asistir al trabajo, una idea que ha ganado adeptos poco a poco. Sin embargo, Hams destaca que esto se da porque en muchos lugares de trabajo no se fomenta un verdadero sentido de responsabilidad o propósito en los empleados.

En lugar de responsabilizar a los colaboradores por las dificultades que enfrenta la empresa, nosotros, como CEOs, debemos asumir la responsabilidad de la cultura organizacional que hemos creado. Estos problemas son una oportunidad para mejorar el rendimiento de nuestro equipo. Al mostrarle a tu equipo el impacto que tiene su trabajo en la compañía, les estás dando un sentido de propósito y autonomía. Tendrás un negocio más rentable, una fuerza laboral más satisfecha y un equipo que disfrutará de salud mental. Además, el uso adecuado de datos financieros puede motivar a todo el equipo a adoptar una mentalidad de propietarios, contribuyendo activamente al éxito de la empresa.

Como ejemplo, hace dos años, al revisar los principales indicadores de rendimiento de mi empresa, anticipé que enfrentaríamos un año difícil. Por ello, opté por actuar de manera proactiva y busqué maneras de reducir costos sin tener que despedir empleados. Esta estrategia nos permitió afrontar los retos del año manteniendo a nuestro valioso equipo. Si los problemas previstos no llegaban a ocurrir, la empresa no solo sobreviviría, sino que además operaría con mayor eficiencia.

Reuní al equipo en la sala de conferencias y coloqué una pila de fichas sobre la mesa. Les expliqué la necesidad urgente de reducir costes para obtener un total de cien mil dólares extras en beneficios, sin tener que hacer ventas adicionales. Les dije: «Entonces, ¿qué hay que hacer?».

Dejé claro que todas las ideas eran bienvenidas y que los despidos no eran una opción. Durante cuatro horas, cada miembro del equipo anotó sus sugerencias en las fichas que había puesto sobre la mesa. Luego, dedicamos varias horas más a discutir cada propuesta. Con la participación de todo el equipo, examinamos la estructura de la empresa desde varios ángulos para identificar áreas donde podríamos reducir costos.

Al final del día, logramos identificar 200,000 dólares en posibles recortes. De esa cantidad, 185,000 dólares se reintegrarían a la empresa, mientras que los 15,000 dólares restantes se repartieron como bonificaciones entre los que aportaron ideas. Tan solo por proponer una idea se llevaban una bonificación, pero si su idea era implementada, recibían el doble de dicha bonificación.

Nos recuperamos de la crisis incluso más fuertes que antes, y nuestro personal fue el único responsable de este logro. Esto sin duda alguna fue un claro ejemplo de la Mentalidad de Propiedad en acción. Todo esto se consiguió gracias a que compartí datos numéricos, de manera clara y concisa. No solo conecté con el equipo como empresa, sino como un grupo de individuos que compartimos los mismos valores y que quieren seguir trabajando juntos. Solo no lo hubiera logrado.

La idea de un CEO aislado que lidera desde las alturas es obsoleta. No puedes pensar que eres el único que puede resolver los problemas de la empresa. Tu gente está en la primera línea del negocio. Muchos tendrán ideas valiosas para ofrecer, pero nunca las compartirán a menos que crees un ambiente donde todos se sientan dueños, porque al sentirse dueños pondrán siempre primero los intereses del negocio.

Recuerdo haber trabajado con un cliente que necesitaba mejorar la producción de su fábrica en un uno por ciento. El reto era que ya contaba con las prácticas adecuadas y el equipo correcto. En su opinión, la operación era lo más eficiente posible.

Al ir conociendo a los equipos de las distintas áreas, notamos que uno de estos mostraba un rendimiento inferior. Al parecer siempre estaban atrasados a comparación de los demás equipos. Al conversar con sus integrantes, descubrimos que este equipo estaba compuesto en su mayoría por personas que habían sido sancionadas anteriormente por cuestiones que ellos consideraban triviales o injustas, así que estaban claramente insatisfechos y no daban lo mejor de sí. Para mí quedo claro el motivo de la baja productividad.

Al reorganizar los equipos, vimos casi de inmediato una mejora de 110,000 dólares en la productividad. Al repetir el proceso con otros equipos y preguntarles qué problemas veían, descubrimos otra oportunidad para añadir seis mil horas de producción anuales sin necesidad de mano de obra adicional. ¿El problema? La fábrica seguía un protocolo de trabajo anticuado, un procedimiento de enfriamiento de los años setenta que ya no se aplicaba a la maquinaria moderna. Según la política de la planta se debía dejar que una máquina se enfriara durante dos horas después de determinado periodo de trabajo, aunque las nuevas máquinas no necesitaban tiempo de enfriamiento y podían funcionar continuamente durante ocho horas. Un CEO nunca notaría algo así, pero un trabajador con quince años de experiencia sí lo haría, y no te lo dirá a menos que le hagas la pregunta adecuada y lo incites a pensar los intereses del negocio.

Aunque tu equipo se sienta cómodo contigo como CEO y puedan ser completamente abiertos, no sabrán que información deben compartirte, y ese es un gran reto a superar. Por eso cuando comiences a fomentar la mentalidad de propiedad, debes hacerlo como lo harías con cualquier otro aspecto de tu cultura. Hazlo de manera constante y fluida, así tu equipo poco a poco entenderá que es lo mejor para su empresa y te lo hará saber cuanto antes. Recuerda que estás pidiendo confianza, y la confianza se gana.

La mentalidad de propiedad es un método de planificación estratégica que implica evaluar cómo se percibe la empresa en diferentes áreas funcionales. Cuando algún cliente nos pide ayuda para implementar esta estrategia, lo primero que hacemos es dividir la empresa en diez áreas distintas. Luego, pedimos a los miembros del equipo que evalúen el rendimiento de la empresa en cada una de estas áreas, utilizando una escala de 1 a 100. Por último, le mostramos los resultados a nuestro cliente y su equipo directivo con el objetivo de que pongan especial atención en las áreas con peor rendimiento. Esto motiva la implementación de acciones estratégicas específicas, asignando a un responsable para la tarea y evitando la divagación.

Personalmente, publico nuestros planes de acción estratégicos y los distribuyo por toda la empresa. Contratamos a un diseñador gráfico para convertir nuestros objetivos y acciones en recordatorios visuales y los colocamos en toda la oficina. Hacemos que esos números y el plan de acción sean la comidilla de nuestras conversaciones para que toda la empresa entienda lo que estamos tratando de lograr.

NÚMEROS Y CONTEXTO

No es sorprendente, entonces, que muchas empresas estén buscando compartir con sus colaboradores de forma transparentes y sencilla, aquella información que antes se consideraba «privada». Las empresas que lo hacen experimentan un gran aumento en el compromiso de sus colaboradores. Una forma sencilla y eficaz de lograr esto, es a través de un cuadro de mando que muestre las métricas clave y los datos de apoyo sobre el estado de la empresa, sin sesgo de roles, para que todos puedan ver qué áreas están funcionando bien y cuáles necesitan mejoras.

Ahora, la transparencia de los datos no significa poner al desnudo toda la compañía. La pregunta que debes hacer es la siguiente: ¿qué necesita saber mi equipo para comprender el propósito de su trabajo?

Para que tu empresa alcance sus objetivos, todos deben estar alineados. Para ello, deberán tener acceso a las métricas clave de la organización, así sabrán qué está funcionando y qué no. Esto asegura que se tomen mejores decisiones y de manera más rápida.

Aparte de todos los beneficios que hemos mencionado, el compartir el estado de tu empresa de forma transparente con tu equipo aumenta la satisfacción y la retención de talento.

Es la versión moderna de los números escritos con tiza en el suelo de Schwab. Sin embargo, es solo el punto de partida. Hay un elemento que va de la mano de los números y este es el contexto. No basta con mostrarle a tu equipo números a diestra y siniestra, sino que también debes ayudarlos a saber interpretarlos.

ESCUELA DE LAS FALSAS SUPOSICIONES

En 2008, reuní a mi equipo para una lección básica de economía. Nos enfocamos en la diferencia entre ingresos y beneficio, porque me habían dicho en numerosas ocasiones que si gastaba veinte mil dólares en una herramienta de marketing que generaba veinte mil dólares en ingresos, habría alcanzado el punto de equilibrio. En lugar de simplemente decirles que estaban equivocados, decidí demostrarlo.

Nos reunimos en la sala de conferencias, levanté un billete de 100 dólares y le pregunte a mi equipo cuánto de aquel billete realmente quedaría para la compañía después de todos los gastos en los que incurríamos para obtenerlo. Tras un breve debate, el consenso fue que quedarían 50 dólares. Sonreí, levanté una ceja y les di una segunda oportunidad. Después de una hora de discusión acalorada, la cifra correcta salió a luz: 24 dólares. Ahí estaba, esa era la diferencia entre ingreso y beneficio, y nosotros teníamos un margen de beneficio neto del 24%.

Muchos miembros de mi equipo han tenido carreras exitosas, con salarios envidiables y un elevado patrimonio neto. Sin embargo, no por eso estaban mejor preparados para responder a la pregunta del beneficio neto que aquellos que tienen un salario anual considerablemente menor. Esto se debe a que, como CEOs —y como nación— no educamos a la población para pensar en términos económicos. En nuestra empresa, aún se recuerda aquella clase de economía, y lo que aprendimos ese día sigue influyendo en nuestras discusiones.

Es muy posible que tu equipo, como el mío, tenga algunos conceptos errados sobre cómo funciona el negocio y sus finanzas. Comunicar los KPIs y lo importantes que son para el éxito de la empresa es clave para disipar cualquier confusión. Si no lo haces tú, ¿quién lo hará? Debes tomarte esta tarea enserio, porque sino tu equipo convivirá con el error, y serán graduados honoríficos de Escuela de las Falsas Suposiciones.

PLANIFICAR LO QUE VIENE DESPUÉS

No es suficiente con reunir cifras sino que debemos liderar a partir de ellas. Recopilar datos, compartirlos, educar sobre ellos y planificar son pasos preparatorios para generar un verdadero impacto en tu equipo. Ellos comprometerse con la misión de la empresa, y es necesario que comprendas que su pasión por el trabajo a menudo se basa en tu pasión y liderazgo.

El mejor ejemplo que tengo para demostrártelo parte de una experiencia propia. Mi padre, que heredó el negocio de su padre, falleció en 2005. Ese año, se había establecido un objetivo de ventas de cuatro millones de dólares para la empresa, un veinticinco por ciento más que el año anterior. Nunca habíamos vendido tanto en nuestra historia. Desde cualquier perspectiva, era un objetivo ambicioso, pero él creía que podíamos alcanzarlo.

Cuando asumí el cargo, compartí tres objetivos con la empresa:

1. No perder ningún cliente;
2. No perder a ningún empleado;
3. Alcanzar nuestro objetivo de 4 millones de dólares.

Aunque estaba decidido a hacer todo lo posible para cumplir estos objetivos, la realidad era que estaba bastante atrasado. Tenía que llenar los zapatos de mi padre, al mismo tiempo que comprendía mejor el negocio y aprendía a ser CEO. Estudié el negocio detenidamente y trabajé muchas horas, y me di cuenta de que no sería yo solo quien alcanzaría este objetivo, sino mi equipo.

Publicamos nuestros números de ventas semanalmente, y en varias ocasiones durante ese año rompimos récords de ventas. El equipo quería a mi padre y para ellos esta era la forma de honrar su memoria. Su liderazgo resonó con tanta fuerza que continuó influyendo en el comportamiento de todos incluso después de que yo asumiera el cargo.

Sin embargo, a pesar de estos increíbles logros, parecía que no lo lograríamos. Una semana antes del *día de acción de gracias*, hice mis cálculos y preví que nos faltarían 100,000 dólares. Yo me mantenía emocionado por lo que habíamos logrado, pero mi equipo en cambio, lo consideraba una derrota y se negaba a aceptarla.

Una colaboradora de nuestro departamento de reclamaciones vio el déficit que yo también había calculado y tomó acción. Era una colaboradora, no una directora o alguien del alto mando. Ni siquiera era una vendedora, pero eso no la detuve. Llamó a su madre, que era directora de Recursos Humanos en una compañía escolar con más de mil empleados —lo que los convertía en un potencial cliente—, y le contó la historia de mi padre y la actual situación de la empresa. No necesitó hacer una presentación pomposa o el lanzamiento de un nuevo producto. Simplemente compartió su pasión por la empresa y eso fue suficiente para obtener a un nuevo cliente de trescientos mil dólares. ¡Sí! Habíamos superado nuestro objetivo por doscientos mil dólares.

Ese es el poder del liderazgo basado en los números. Todos estábamos motivados por nuestra misión y nuestro objetivo, y el resultado fue simplemente mágico.

REPENSAR LOS NÚMEROS

"La vida empieza y acaba con un número".

—CLARENCE AVANT

Si el CEO se enfoca en la Trinidad de Cultura, Personas y Números, es porque su objetivo es aumentar los ingresos y los beneficios de la empresa. Luego, a medida que tu negocio mejore y observes cómo tus KPIs evolucionan positivamente, el crecimiento de la empresa te brindará nuevas oportunidades. Para no perder el impulso, es necesario retomar las estrategias que llevaron al éxito inicial y aprovechar todos los recursos mencionados a lo largo de este libro para aumentar la estabilidad y crear más oportunidades en la empresa.

No obstante, aumentar los ingresos y los beneficios no es el objetivo final. Sin duda alguna es necesario para tu negocio, incluso para aumentar tu calidad de vida y de quienes te rodean. Pero si te limitas a considerar los beneficios como la única recompensa a tu trabajo duro, estarás frenando el potencial de crecimiento futuro de la empresa. El manzano da frutos, pero algunas de sus semillas deben volver a la tierra.

Hay muchas formas de reinvertir los beneficios de una empresa. Si tu negocio es estable, está en crecimiento y ofrece un buen rendimiento, es ahí donde debes invertir. No hay otro negocio en el mundo del que sepas más o sobre el que tengas más control.

COMPARTIR LA COSECHA

En el capítulo anterior, así como en nuestra discusión sobre la compensación y los aumentos salariales, tratamos el tema de cómo debemos recompensar a nuestros empleados por el valor que aportan a la empresa. Cuando le pedí a mi equipo que me ayudará a encontrar cien mil dólares en gastos que podían recortarse, y lo hicieron, se les recompensó con bonos. Realizaron un excelente trabajo, la empresa lo reconoció y ellos inmediatamente cosecharon una parte de los beneficios.

Una recompensa es una compensación que se entrega por un desempeño superior al habitual y está vinculada a un porcentaje del valor creado por ese rendimiento adicional. No se trata de un simple sistema de premios y castigos. Eso no funciona;

y peor aún los empleados intentan manipular las estructuras de bonos y ni así superan el umbral de la bonificación. Si los bonos fueran suficientes para motivar a las personas a dar lo mejor de sí mismas, los puestos basados en salarios por «comisión de venta» crearían constantemente vendedores excepcionales, pero sabemos que esa no es la realidad.

Un incentivo financiero es poderoso, pero requiere de una motivación, digamos espiritual, que esté en sintonía. Sí, queremos motivar a nuestro equipo para que sea más productivo, pero nuestra visión de la productividad debe significar algo más simples números en ascenso. Queremos que nuestros empleados traten activamente a la empresa como si fuera suya, y una mentalidad de propiedad es mucho más que simplemente ser productivo. Una mentalidad de propiedad significa pensar en la empresa de manera crítica y creativa. Un empleado ya no solo marca su hora de entrada, cuenta las horas para su salida y espera su salario; sino que comienza a buscar formas de mejorar la empresa, sabiendo que compartirá los beneficios obtenidos.

El objetivo del CEO debe ser enfatizar constantemente a su equipo que sus contribuciones son vitales para la salud general de la empresa y recordarles que todos cosecharán los frutos obtenidos. Esto implica reflexionar profundamente sobre que significa para un empleado aportar valor a la empresa. Por ejemplo, el empleado de una fábrica que señala que en su área se está utilizando un procedimiento de enfriamiento en la maquinaría innecesario, no verá un aumento directo en su productividad personal. Por lo tanto, preferirá quedarse callado ya que no cosechará los frutos de haber identificado este problema.

Por eso como CEO, debes reconocer el valor que aportan a la empresa los miembros de tu equipo tanto en conocimientos, como con su comportamiento proactivo. Así que antes de cobrar tus utilidades o reinvertir el dinero, tómate un momento para considerar cómo puedes enriquecer la vida de las personas que han hecho posible el éxito de la compañía. Cuando se cosechen frutos, tu primera pregunta debería ser: «¿Quiénes han sido responsables de nuestros logros?».

Las recompensas regulares son importantes, pero también lo son las bonificaciones especiales. Es clave reconocer a aquellos empleados que contribuyen a mejorar las operaciones de la empresa y que tal vez no estén cubiertos por los esquemas de compensación estándar. Esta tarea recae principalmente en el CEO, y los empleados valoran mucho este reconocimiento. Recomiendo a mis clientes que aparten anualmente un presupuesto modesto para otorgar estas bonificaciones especiales a los empleados que lo merezcan. Esto promueve la práctica de reconocer las buenas acciones y demuestra al equipo que se valora y se observa su excelente desempeño.

Durante la crisis del COVID-19, hice uso de este presupuesto para entregar bonificaciones especiales con frecuencia. Cuando la gente estaba estresada y agobiada por las restricciones de trabajo, utilicé el fondo para decirle «gracias» y «buen trabajo» a mi equipo. A la madre soltera que estaba educando a sus hijos en casa, cuidando de un menisco roto y trabajando sin parar, le envié una asistenta cada dos semanas para que ayudara a mantener su hogar en orden. Al joven soltero que perdió comisiones porque las empresas estaban reduciendo sus compras, le envié filetes cortados a mano, papas asadas y ensalada fresca para él y su novia, con una nota alentándolos a mantener la esperanza en que todo mejoraría. Para el matrimonio vegano, mandé ramen de una de mis tiendas de fideos favoritas de California con tofu prensado a mano como agradecimiento. Todas estas acciones tuvieron un doble propósito: recompensar a los miembros del equipo que estaban haciendo un gran trabajo y necesitaban un estímulo, y subrayar que nuestros valores no son letra muerta al compartir las bonanzas de nuestra empresa con sus miembros. La lección no pasó desapercibida, ya que cada uno de ellos compartió en nuestras llamadas semanales lo mucho que valoraba el amor y apoyo de la empresa.

RESERVAS DE EFECTIVO

El efectivo es la savia de cualquier empresa. Cada decisión

que tomamos, en realidad, es una decisión financiera, ya que cada una afecta a la tesorería de alguna u otra forma. Como CEOs, a menudo estamos tan enfocados en obtener ingresos, y realizar todos los gastos que esto implique, que no consideramos los beneficios de mantener reservas de efectivo.

Durante la crisis financiera de 2008 y 2009, casi todos los empresarios en Estados Unidos se vieron cara a cara con la desesperación. La economía estaba paralizada, y los ingresos *just-in-time*, de los cuales muchas empresas dependían para financiar sus operaciones en tiempos de bonanza, se agotaron. Casi nadie estaba comprando. Incluso los clientes más fieles dejaron de adquirir productos y servicios porque simplemente no tenían dinero.

Los CEOs de todo el país enfrentaron decisiones difíciles. Pero las empresas que sobrevivieron lo hicieron en gran medida gracias a sus reservas de efectivo. Muchos intentaron reducir gastos, sobre todo despidiendo personal. Esto los ayudó por un tiempo, pero la recesión era tan profunda y las necesidades de capital tan grandes que recortar gastos no era suficiente. Mi empresa sobrevivió principalmente gracias a la gran reserva de efectivo que habíamos acumulado, lo cual nos permitió superar dos años de ventas drásticamente mermadas. Esta lección caló profundamente en mí, y me ayudó a comprender que una de las responsabilidades más importantes de un CEO es contar con un plan de contingencia en caso de crisis.

En el ajedrez, hay un término para poner a tu oponente en una posición en la que eliminas todas sus opciones excepto la jugada que deseas que realice. Este estado se llama *zugzwang*.

Nunca quiero que mis movimientos como CEO sean decididos por circunstancias externas, y tampoco quiero eso para ti. La única manera de tener un abanico de opciones en circunstancias empresariales difíciles es reservando efectivo para esas emergencias. Si tienes este consejo en mente, no te encontrarás obligado a elegir entre despedir a la mitad de tu personal o declararte en bancarrota.

En la práctica, las reservas de efectivo pueden carecer de sentido para los CEOs que creen que el capital debe utilizarse. Cuando sugiero a una empresa que reserve un año completo de gastos operativos, a menudo recibo miradas de asombro. Constituir una reserva puede ser difícil, pero tener ese capital disponible es increíblemente liberador. Incluso en los momentos más difíciles de la empresa, nadie podrá forzarte a tomar decisiones desesperadas. Esa reserva de efectivo, aunque solo la uses en emergencias, es una gran fuente de libertad y autonomía. Tu director financiero nunca te dirá: «Tienes que despedir a alguien si quieres mantener la empresa a flote».

En lugar de eso, tendrás un colchón para prepararte y resolver problemas mucho antes de que se conviertan en una crisis.

Cuando no estes enfrentando una recesión, tu reserva de efectivo te proporcionará un trampolín para seguir creciendo. Con capital disponible, puedes asumir mayores riesgos, que por consecuencia traerían mayores recompensas, y a la vez vislumbrar oportunidades que antes te hubieran sido imposibles de contemplar. Te sorprenderá saber que las instituciones financieras aman trabajar con empresas que no requieren de su ayuda. Las tasas de interés, los servicios y las relaciones mejoran considerablemente cuando se cuenta con una reserva de efectivo elevada.

Durante la crisis financiera de 2008, enfrentamos un momento crítico con uno de nuestros proveedores, quien temía quedarse sin efectivo. Nos preocupaba que no pudiera cumplir con sus obligaciones ya que los mercados financieros estaban contraídos y había poca liquidez. Este proveedor tenía la opción de acceder a un programa de préstamos del gobierno de EE. UU., pero para ello necesitaba recortar algunos gastos. Entre estos estaba la cancelación de su convención anual, que se realizaba en un yate de lujo con camarotes que costaban 2,500 dólares la noche. Ya habían invertido 1 millón de dólares en el alquiler del yate, y el CEO me consultó si nuestra empresa podría cubrir parte de esa suma, específicamente 300,000 dólares.

Después de revisar nuestras finanzas y ver una oportunidad de negocio, contacté a una agencia de viajes que compró las reservaciones del yate por 400,000 dólares, acordando compartir las ganancias conmigo. Ofrecí al proveedor los 300,000 dólares que necesitaba y cerramos el trato. Gracias a esta operación, nuestra empresa obtuvo un beneficio de 350,000 dólares. Esto nos permitió reponer los fondos usados y obtener capital adicional para invertir en otras oportunidades estratégicas. Sin nuestros recursos en efectivo, habríamos perdido esta valiosa oportunidad.

Este es un ejemplo perfecto de cómo una reserva de efectivo permite tomar medidas proactivas, en lugar de solo reaccionar ante una crisis. Con una reserva de efectivo, se pueden tomar decisiones empresariales bien fundamentadas. Sin ella, resulta mucho más difícil mirar más allá del problema inmediato frente a ti.

EL DINERO NO ES EL OBJETIVO

Una vez que se tiene una reserva de efectivo para emergencias, y aún se siguen acumulando beneficios ¿qué debemos hacer con esos fondos? Así como nos hemos esforzado para obtener dinero de manera ética y productiva, los CEOs también deben distribuir este dinero de manera ética y productiva. La responsabilidad social corporativa, como se denomina frecuentemente a la filantropía realizada en nombre de una empresa, puede adoptar diversas formas y servir para diferentes propósitos. Tu empresa puede hacer donaciones directas a organizaciones benéficas y causas. También puede patrocinar eventos benéficos o donar tiempo y recursos a una organización sin fines de lucro.

Hay muchas maneras de que tu empresa cumpla con su responsabilidad social, y será mucho más sencillo cuando exista una sinergia natural entre la causa y la misión lucrativa de la empresa. Por ejemplo, marcas de actividades al aire libre como Orvis y Patagonia destinan muchos recursos a causas medioambientales. Su gente está apasionada por las actividades al aire libre, por lo que apoyar una causa alineada con sus intereses refleja un auténtico deseo de hacer el bien.

Sin duda, cuando se realiza caridad buscando algún beneficio escondido, pierde su esencia. Sin embargo, si se realiza con verdadera pasión y con la intención correcta, este tipo de iniciativas pueden beneficiar a una empresa. Los consumidores informados suelen ver la responsabilidad social corporativa como un indicativo de que una marca es confiable. Además, cuando una empresa apoya una causa que converge con las creencias de sus clientes, la relación entre ambos se vuelve más personal.

Dentro de una empresa, un programa sólido de responsabilidad social corporativa puede hacer que el trabajo cobre un sentido de propósito esencial para que los empleados alcancen su máximo potencial. Esto no solo fomenta una fuerte sensación de pertenencia y propiedad entre ellos, sino que también les ofrece una oportunidad concreta de contribuir positivamente a sus comunidades, fortaleciendo así su sentido de identidad personal. De hecho, si el programa resuena con los valores de los empleados y les permite hacer contribuciones más significativas de lo que podrían lograr individualmente, se enriquecerá su desarrollo personal en múltiples aspectos.

Antes de aplicar esta idea en tu empresa, debes conversar e incluso debatir con tu equipo. Recuerda que buscas que ellos se sientan comprometidos de corazón con esta causa. Permíteles liderar cuando se sientan inspirados a hacerlo y elogia los resultados de sus esfuerzos.

Una práctica de responsabilidad social corporativa que suelo recomendar a mis clientes es colaborar con una fundación benéfica. Esta colaboración permite que los empleados tengan voz en cómo se utilizan las donaciones de la empresa en dicha fundación.

Además, los fondos que reciben estas fundaciones pueden ser asesorados por el donante, lo que significa que puedes involucrarse directamente en sus actividades. Colaborar con una fundación comunitaria facilita implementar iniciativas filantrópicas, cumplir con las leyes y evitar la complejidad y los costos de establecer una fundación propia, que podrían reducir el impacto de las donaciones. Algunos de mis clientes optan por donar hasta el diez por ciento de sus ingresos brutos mensuales, y consideran estas contribuciones como un indicador clave de rendimiento dentro de sus equipos.

No importa la cifra, lo importante es hacer es estas aportaciones de manera consistente y fiel. No debes ver estas salidas de efectivo como pérdidas, sino como oportunidad de hacer algo por los demás y la vez beneficiar a la empresa. Si tus esfuerzos filantrópicos benefician a otros mientras aportan al crecimiento de tu empresa, todos salen ganando.

Hay dos beneficios extra que deseo mencionarte. Primero, en muchos países estas donaciones son deducibles de impuestos para la empresa, por lo que es una excelente manera de elegir en que quieres que se utilice, de otro modo iría directamente al estado y no tendrías voz de mando sobre él. Segundo, esta actividad puede ofrecer beneficios complementarios. Aquí te dejo un ejemplo de mi empresa:

Mientras escribo este libro, nos estamos preparando para celebrar nuestro quincuagésimo aniversario. Para marcar esta ocasión especial, donaremos 50.000 dólares a organizaciones benéficas locales. En vez de hacer una única donación grande, optamos por distribuir cinco subvenciones de 10.000 dólares cada una. Para informar a las organizaciones benéficas sobre esta oportunidad, hemos obtenido cobertura en la prensa, la radio y las redes sociales. Esta cobertura también se repetirá cuando se entreguen las subvenciones. Así, nuestros empleados verán cómo su esfuerzo ayuda directamente a nuestra comunidad.

Esta acción no solo mejorará nuestra reputación y el ánimo dentro de la empresa, sino que también mejorará nuestra capacidad para atraer a nuevos talentos. Buscamos colaboradores que estén motivados por hacer el bien. Además, esta iniciativa generará publicidad positiva que podría incentivar a clientes potenciales a colaborar con nosotros.

Si intentáramos obtener estos beneficios mediante métodos más tradicionales, como campañas de relaciones públicas o estrategias de reclutamiento, probablemente gastaríamos mucho más dinero y no se garantizarían grandes resultados. Al donar este dinero, cada dólar invertido apoya múltiples beneficios de manera simultánea, beneficiando tanto a nuestro equipo como a las causas que respaldamos.

Cuando tu empresa gane una reputación por acciones como esta, sin que lo busques, atraerás a más clientes y talento. Ahora, todo esto requiere de gestión por lo que te recomiendo establecer un consejo interno dirigido por los empleados para evaluar las solicitudes de financiación, así no se generará desorden ni distracciones en la empresa. Aunque los empleados ya siguen ciertas directrices sobre presupuestos y donaciones, delegarles la gestión de estas solicitudes libera al CEO de esta responsabilidad y promueve un mayor sentido de pertenencia entre el personal.

EL HORIZONTE

Siguiendo las recomendaciones de esta sección —que incluyen desde indicadores clave de rendimiento hasta adoptar una mentalidad de propiedad y reconsiderar la forma en que se ven los ingresos y beneficios— se puede establecer un estilo de liderazgo que continuamente identifique nuevas oportunidades y posibilidades de crecimiento para la empresa. Al liderar enfocándose en los números y haciéndolos comprensibles y claros para todo tu equipo, podrás descubrir y aprovechar oportunidades que otros CEOs no puede visualizar.

Refuerza constantemente los comportamientos y decisiones que condujeron a la empresa a grandes logros, así crearás un ciclo que fortalecerá al equipo y traerá nuevas oportunidades.

A primera vista, puede parecer que estás derrochando dinero al destinar gran parte de tus ingresos a incentivos para empleados y responsabilidad social corporativa. Sin embargo, no es así. No son gastos, son inversiones que a largo y mediano plazo te darán aún más beneficios.

CONCLUSIÓN

"El esfuerzo continuo —no la fuerza ni la inteligencia— es la clave para liberar nuestro potencial".

—WINSTON CHURCHILL

Los grandes líderes poseen dos habilidades que los distinguen de los demás. En primer lugar, tienen la capacidad de identificar el potencial innato y no aprovechado que hay en las personas, una habilidad que llamamos percepción. Etimológicamente, percepción significa percibir algo antes de que sea visible. Es la capacidad de ver lo que otros aún no pueden ver.

En segundo lugar, los grandes líderes tienen la habilidad de transformar ese potencial preconcebido en un don llamado evocación. En sus raíces, la palabra se desglosa en dos, «*ex*» y «*vocare*», significando invocar desde adentro. La evocación es el proceso psicológico de convertir el potencial de otra persona en realidad cuando ella toma conciencia de su existencia.

Durante más de treinta años, Madeline Brownlee fue directora de The Arlington Schools, una academia preparatoria en las afueras de Atlanta. Al verla podías notar que era dura como una roca, y su presencia se acentuaba aún más con sus pantalones de poliéster a prueba de balas que contrastaban con sus broches llamativos de mariposas y abejas sobre los hombros. Como complemento a esos trajes, llevaba un puño de hierro dentro de un guante de terciopelo, empuñando un garrote con agarre sólido. Con la Sra. Brownlee no se jugaba.

Cuando estaba en séptimo grado, la señora Brownlee era mi profesora de álgebra. Creía firmemente en el poder de las tareas y me asignaba cincuenta preguntas de álgebra cada noche. «Solo con la práctica se aprende», decía con un brillo en los ojos y una risa que asustaba a toda la clase. Cada año, designaba un «supervisor de tareas», encargado de verificar que estas se hayan culminado la noche anterior. En 1986, me eligió a mí.

Si terminabas tus tareas a tiempo recibías una recompensa. Esta variaba desde ir a la sala de estudiantes a tomar un bocadillo a simplemente ir a otra sala, pero sin bocadillos, y trabajar en otras materias. Si no terminabas las tareas, se te invitaba a una clase especial los viernes por la tarde después de clases. Aunque esta clase especial tenía un carácter de tutoría y no disciplinario, el efecto era que, mientras todos los demás ya disfrutan del fin de semana, tú y tus amigos «delincuentes» permanecían en un aula aprendiendo la ecuación cuadrática o los sistemas numéricos catalanes.

Como pueden imaginar, el puesto de supervisor de tareas no era nada popular. A los niños que habían hecho las tareas les molestaba que los controlara; y los que no lo habían hecho me acusaban de «acusete», «nerd» o «lacayo del profesor». En una etapa de mi desarrollo psicológico en la que mi único deseo era encajar y ser como los demás, la señora Brownlee me había sepultado socialmente, y yo lo odiaba.

Lo peor se dio un viernes por la tarde. Ese día se llevaría a cabo el partido de baloncesto inaugural de la temporada en un colegio ubicado a más de una hora de distancia del mío. Se estaban formando grupos para compartir asiento en los autobuses y cualquiera que se quedara en la clase especial de estudio probablemente se perdería el partido. La revisión de las tareas de ese día reveló que varios de nosotros no la habíamos terminado, incluido el pívot del equipo «JV», quien me susurro: «¡Hey amigo! No vayas a hacer que me pierda el partido». Cuando entregué la lista de los que no habían hecho la tarea, su nombre estaba cinco puestos por encima del mío.

Esa tarde fui a visitar a la señora Brownlee en horario de oficina y le dije que quería que eligiera a otra persona para el puesto de supervisor de tareas. El costo social era demasiado alto y no había ningún beneficio para mí. Quería dejarlo. Me miró por encima de los lentes con esa clásica expresión de los profesores, y me invadió una oleada de vergüenza al ver la decepción en su rostro.

—¿Sabe por qué lo elegí, Sr. Taylor? —preguntó.

—No, señora —grazné.

—Lo elegí porque puede hacer el trabajo. Conoce la diferencia entre el bien y el mal. No todo el mundo puede. Pero veo que usted sí.

Fue un momento crucial en mi vida. Fue como si me hubiera alcanzado un rayo. Entendí todo lo que quería decir. Hasta ese momento, tenía poca conciencia de mí mismo. De repente, todo cambió. La señora Brownlee había despertado algo en mí al mostrarme que yo era una persona que sabía distinguir entre el bien y el mal y que tenía la obligación de utilizar ese don.

Me levanté aturdido y empecé a salir de su oficina.

—¿Señor Taylor? —me llamó.

—Sí, señora —contesté girándome para verla con el «Informe del Supervisor de tareas» en la mano.

—Veo que también anotó su nombre entre los que no terminaron la tarea —dijo.

—Sí, señora, no hice la tarea.

—El bien y el mal, Sr. Taylor. Importan. Nos vemos el viernes.

En los años siguientes, la Sra. Brownlee a menudo me llevaba aparte con un encargo especial. «Quiero ver su nombre en la hoja de inscripción para las elecciones del Consejo Estudiantil», o «Quiero que organice una recaudación de fondos», o «Este es un estudiante nuevo, quiero que cuide de él». Nunca le dije que no a la señora Brownlee porque sabía que estaba plantando semillas que más tarde darían fruto.

Hoy, después de más de treinta años de estudiar la conducta humana, comprendo que la señora Brownlee percibía que yo tenía ciertos dones y que ella era capaz de evocarlos desde mi interior.

Aunque no haya tenido la oportunidad de trabajar con contigo tan directamente como la Sra. Brownlee trabajó conmigo, espero que este libro te haya tocado de manera similar.

Si es así, me encantaría conocer más de tu empresa y saber cómo has aplicado las estrategias que te he recomendado. Este libro es el resultado de varios años de estudio con líderes empresariales de todo el mundo, y sé que al escuchar tu historia aprenderé mucho y quizá me permitas compartirla con otros CEOs que están en este mismo proceso.

Y sin duda, es un largo proceso. Pero a medida que avances, tu negocio crecerá y cambiará radicalmente. Claro que surgirán nuevos retos, como también desaparecerán los antiguos. Cada peldaño que subas te regalará un sinfín de oportunidades, y para aprovecharlas, debes gestionar continuamente la Trinidad de la Cultura, las Personas y los Números. Si lo haces, la grandeza te estará esperando.

SOBRE EL AUTOR

TREY TAYLOR es el CEO de trinity | blue, una consultoría diseñada para proporcionar coaching ejecutivo y planificación estratégica a directivos de alto nivel. Su experiencia abarca campos tan diversos como la tecnología, los servicios financieros, el capital de riesgo y el desarrollo inmobiliario comercial. Es un ponente recurrente en el Human Capital Institute, el Ascend Conference y muchos otros eventos. Puede obtener más información sobre el trabajo de consultoría de Taylor en trinity-blue.com.

Si está interesado en contactar a Trey Taylor para conferencias, coaching personal, asesoría empresarial o participaciones en podcasts, puede escribirle a trey@trinity-blue.com y el personalmente le responderá.